1+X智能财税职业技能等级证书课证融通教材

智能财税共享中心岗位模拟实训

赵锦河　王　艳　赵锦屏　主编

化学工业出版社

·北京·

内容简介

本书是1+X智能财税职业技能等级证书课证融通教材，根据教育部职业技术教育中心研究所公布的《智能财税职业技能等级标准》中的《初级—1：社会共享初级代理实务——职业技能要求》编写而成。本书以财税代理服务公司对中小微企业的经济业务进行代理核算为业务模式，以财税代理行业最新业务实践案例为原型，提炼出销售发票开具、日常业务单据整理与制单、月末结转和结账、凭证与报表规范性审核、纳税申报5个典型工作模块，共28个典型工作任务。以财税共享中心岗位为前提，让学习者熟悉票据岗、涉税服务岗、会计核算岗、管家复核岗、出纳外勤岗五大岗位的工作职责，练习对应岗位的工作技能。借助财天下、票天下、金税师教学平台，以任务、案例、情境等引导学习者开展实操，融入课程思政，发挥学习者的主体地位。本书的配套资源包括微课视频、在线课程等，学习者可登录网站在线学习。

本书适合作为中等职业院校"1+X智能财税职业技能等级证书（初级）"考试的课证融通教材，也可供高等职业院校、智能财税代理行业从业人员参考使用。

图书在版编目（CIP）数据

智能财税共享中心岗位模拟实训 / 赵锦河，王艳，
赵锦屏主编． -- 北京 ： 化学工业出版社，2024．9．
ISBN 978-7-122-46242-8

Ⅰ．F810-39

中国国家版本馆CIP数据核字第20247WOY95号

责任编辑：王　可
责任校对：张茜越　　　　　　装帧设计：张　辉

出版发行：化学工业出版社
　　　　　（北京市东城区青年湖南街13号　邮政编码100011）
印　　装：北京盛通数码印刷有限公司
787mm×1092mm　1/16　印张14¼　字数257千字
2024年10月北京第1版第1次印刷

购书咨询：010-64518888　　　　售后服务：010-64518899
网　　址：http://www.cip.com.cn
凡购买本书，如有缺损质量问题，本社销售中心负责调换。

定　　价：38.00元　　　　　　　　版权所有　违者必究

前言

　　智能财税共享中心依托智能化、大数据、移动互联等现代技术，以财税业务流程处理为基础，以优化组织结构、规范工作流程、提升管理效率、降低运营成本和创造产业价值为目的，将不同地域、不同法人、同一时空范畴的财会业务、税务业务按照其工作环节内容的共性，按作业专业化模式进行流程再造，在同一个平台统一票务、统一报账、统一核算和报告、统一报税，从而保证会计计量与报告、财税处理的标准规范和安全高效，并且形成大数据财税创值业态。

　　2019年4月，教育部、国家发展改革委、财政部、市场监管总局联合印发了《关于在院校实施"学历证书+若干职业技能等级证书"制度试点方案》，部署启动"学历证书+若干职业技能等级证书"（简称1+X证书）制度试点工作。"智能财税"作为第二批1+X证书之一，被各高职、中职学校选为学生必考证书。本书根据教育部职业技术教育中心研究所公布的《智能财税职业技能等级标准》中的《初级—1：社会共享初级代理实务——职业技能要求》，基于中联集团教育科技有限公司开发的智能财税教学实训平台编写而成，是1+X智能财税职业技能等级证书课证融通教材。

　　本书以财税代理服务公司对中小微企业的经济业务进行代理核算为业务模式。全书借助财天下、票天下、金税师教学平台，以北京信速达财税共享服务中心公司为北京田艺装饰有限公司提供财税咨询和代理记账为背景，以票据岗、涉税服务岗、会计核算岗、管家复核岗、出纳外勤岗等岗位工作职责为基础，提炼出五大典型工作模块，共28个典型工作任务，包括绪论、销售发票开具、日常业务单据整理与制单、月末结转和结账、凭证与报表规范性审核、纳税申报等。教材的特点如下：

　　（1）课证融通，岗课赛证：对标1+X智能财税初级证书考证，将考证知识融入智能财税课程教学中，与配套的软件（中联教育1+X智能财税实训教学综合服务平台）完全契合，实现课证融通；紧贴最新业务实践案例，对接代理行业岗位职责，为全国职业院校技能大赛智能财税基本技能赛项提供参考。

（2）课程思政，时代性强：以学生为主体，贯穿课程思政，注重帮助学生树立人生目标，实现个人成长；培养学生爱岗敬业、诚实守信、廉洁自律、客观公正、坚持准则、提高技能、参与管理、强化服务等会计职业道德；紧跟时代步伐，树立法治意识，依法纳税意识，环境保护、节能减排和绿色能源转型意识；培养终身学习的理念，提高财务人员创新能力和参与管理的能力，向管理会计转型。

（3）任务教学，可操作性强：采用项目任务式，包含学习目标、知识准备、任务情境、任务资料、任务要求、任务设计、操作步骤、课程学案等；操作步骤详细，重难点突出，提示了可能出现的问题，对出现问题后如何修改也进行了讲解，可操作性强。

（4）情境教学，趣味性强：采用情境教学，全书贯穿同一个系列活灵活现的卡通角色，通过卡通图案的角色扮演，创设任务情境，帮助学生快速进入角色，理解知识点和任务要求。

（5）配套齐备，操作简便：有配套的在线课程，师生通过登录网站查看操作讲解，帮助学生自主学习及课后复习。

本书由赵锦河（深圳市龙岗职业技术学校）、王艳（深圳市龙岗职业技术学校）、赵锦屏（深圳迈瑞生物医疗电子股份有限公司）担任主编，丁盛强（华为技术有限公司）、林明（中联集团教育科技有限公司）、马慧连（深圳市福田区华强职业技术学校）、鲍茂红（深圳市第三职业技术学校）参与编写。此外，本书在编写过程中还得到了深圳市龙岗职业技术学校、深圳市福田区华强职业技术学校、深圳市第三职业技术学校等职业院校的指导和帮助。特别感谢中联集团教育科技有限公司和林明同志为本书的顺利出版给予的大力支持和帮助！

希望本书的出版能够将"1+X智能财税职业技能等级证书（初级）"考证融入课程教学，真正实现课证融通，让学生通过课上的学习和练习，熟悉考试内容，为考证做好充分的准备，同时为智能财税代理行业从业人员提供参考。由于编者水平及经验有限，书中缺点和错误在所难免，恳请广大读者批评指正。

编　者

2023年10月

目 录

绪论

一、财税共享中心岗位职责

财税共享中心岗位职责如图0-0-1所示。

票据岗
1. 票据整理
2. 票据扫描
3. 票据OCR识别自动分类
4. 票据查验
5. 票据归档

涉税服务岗
1. 云端开发票
2. 税收计算与申报
3. 企业所得税汇算清缴
4. 其他涉税事项处理
5. 代开发票
6. 税务资料整理
7. 税务抽查

会计核算岗
1. 票据制单
2. 采购业务核算
3. 销售业务核算
4. 生产成本核算
5. 日常费用核算
6. 工资核算
7. 固定资产核算
8. 银行收付核算
9. 月末结转
10. 财务报表生成

管家复核岗
1. 审核记账凭证
2. 审核会计科目、辅助核算账等
3. 审核明细账、科目余额表等
4. 审核会计报表
5. 对纳税申报表等进行审核并申报
6. 智能财税共享中心财税规范性管理

陈主管

出纳外勤岗
1. 现金、银行存款的收付及登记
2. 银行对账单等的保管
3. 企业设立、变更和信息公示
4. 银行账户管理
5. 税务管理
6. 人力资源与五险一金管理
7. 资质证照业务管理
8. 企业秘书工作管理

图0-0-1 财税共享中心岗位职责图

二、代理业务流程

代理业务流程如图0-0-2所示。

图0-0-2　代理业务流程图

三、案例背景

北京信速达财税共享服务中心公司（以下简称"共享中心"）是一家为企业提供财税咨询和代理服务的公司。

北京田艺装饰有限公司（以下简称"田艺公司"），实行2007企业会计准则，代理建账会计期：2023年7月，统一社会信用代码（纳税人识别号）：91110105064859840P，纳税人类型：一般纳税人。公司经营地址：北京市朝阳区五里桥二街1号院7号楼0217，电话：010-56072265。开户行：工商银行北京市五里桥支行，开户银行账号：0200222109200065275。

田艺公司与共享中心签订了代理记账合同，如图0-0-3所示。

图0-0-3　签订代理记账合同

模块一

销售发票开具

销售发票开具业务流程如图1-0-1所示。

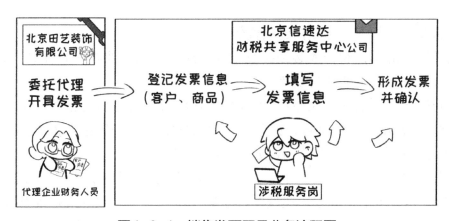

图1-0-1 销售发票开具业务流程图

任务一　开具增值税普通发票

一、学习目标

知识目标：了解普通发票的定义、开票主体、联次、能否进项税抵扣、虚开普通发票的信用风险及处罚等内容。

能力目标：能在智能财税平台上新增客户和商品信息、能代理开具增值税普通发票。

素养目标：能自觉遵守发票管理相关法律法规，不虚开发票，严守诚实守信的会计职业道德。

二、知识准备

普通发票指在购销商品、提供或接受服务以及从事其他经营活动中所开具和收取的收付款凭证。任何单位和个人在购销商品、提供或接受服务以及从事其他经营活动中，除增值税一般纳税人开具和收取的增值税专用发票之外，所开具和收取的各种收付款凭证均为普通发票。

普通发票可以由从事经营活动并办理了税务登记的各种纳税人领购使用，未办理税务登记的纳税人也可以向税务机关申请领购使用普通发票。

普通发票只有三联，第一联为存根联，第二联为发票联，第三联为记账联。

普通发票购货方不能抵扣进项税额。

填开发票的单位和个人必须在发生经营业务确认营业收入时开具发票，未发生经营业务一律不准开具发票。

虚开普通发票的信用风险：《重大税收违法失信案件信息公布办法》（国家税务总局公告2018年第54号）第五条第六款规定，虚开普通发票100份或者金额40万元以上的属于"重大税收违法失信案件"。

虚开普通发票的处罚：《中华人民共和国发票管理办法》（国务院2010年第587号）第三十七条规定，违反本办法第二十二条第二款的规定虚开发票的，由税务机关没收违法所得；虚开金额在1万元以下的，可以并处5万元以下的罚款；虚开金额超过1万元的，并处5万元以上50万元以下的罚款；构成犯罪的，依法追究刑事责任。

三、任务情境

2023年7月6日，北京田艺装饰有限公司按照合同完成了对天津艾丝碧西餐饮管理公司餐饮门店的装修服务，合同约定装修服务费价税合计27000.00元。请涉税服务岗人员开具不含税增值税普通发票。开具增值税普通发票情境如图1-1-1所示。

发票信息如下。

税收分类名称：装饰服务（税率9%）。

客户名称：天津艾丝碧西餐饮管理公司。

纳税人类型：小规模纳税人。

纳税人识别号：91120102700049964M。

地址及电话：天津市河北区海河东路231号，022-67829989。

开户银行及账户：交通银行天津市红桥支行，1100687095735035。

领取增值税普通发票、增值税专用发票、增值税电子普通发票各25张，税控盘密码：88888888。

备注栏内填写信息如下。

项目发生地：天津市河北区海河东路231号。

项目名称：门店装修。

图1-1-1 开具增值税普通发票情境图

四、任务资料

装修合同如图1-1-2所示。

五、任务要求

共享中心"涉税服务岗"员工按要求在智能财税"票天下"系统中为田艺公司开具增值税普通发票，具体要求如下：

（1）查询纳税主体基本信息；

（2）领购发票；

（3）新增商品信息档案；

（4）新增客户信息档案；

（5）新增发票，完善票面信息；

（6）审核开票信息并开具发票。

装修工程 合同

（ 2023 ）第 13 号

甲方	天津艾丝碧西餐饮管理公司	乙方	北京田艺装饰有限公司
地址	天津市河北区海河东路231号	地址	北京市朝阳区五里桥二街1号院7号楼0217
电话	022-67829989	电话	010-56072265
联系人	秦凯路	联系人	赵田艺
合同条款	第一条 工程概况 1.1 工程地点：_天津市河北区海河东路231号_。 1.2 工程内容及做法（详见附表1：家庭居室装饰装修工程施工项目确认表。附表2：家庭居室装饰装修工程内容和做法一览表）。 1.3 工程承包方式：双方商定采取下列第____种承包方式。 （1）承包人包工、包料（详见附表5：承包人提供装饰装修材料明细表）； （2）承包人包工、部分包料，发包人提供部分材料（详见附表4：发包人提供装饰装修材料明细表。附表5：承包人提供装饰装修材料明细表）； （3）承包人包工、发包人包料（详见附表4：发包人提供装饰装修材料明细表）。 1.4 工程期限1个月，开工日期___2023_年__06_月__07_日，竣工日期___2023_年__07_月__07_日。 1.5 合同价款：本合同工程造价为（大写）：_贰万柒仟元整_ 第二条 工程监理 若本工程实行工程监理，发包人与监理公司另行签订《工程监理合同》，并将监理工程师的姓名、单位、联系方式及监理工程师的职责等通知承包人。 第三条 施工图纸 双方商定施工图纸采取下列第__1_种方式提供： （1）发包人自行设计并提供施工图纸，图纸一式二份，发包人、承包人各一份（详见附表6：家庭居室装饰装修工程设计图纸）； （2）发包人委托承包人设计施工图纸，图纸一式二份，发包人、承包人各一份（详见附表6：家庭居室装饰装修工程设计图纸），设计费（大写）_____元，由发包人支付（此费用不在工程价款内） 第四条 发包人义务 4.1 开工前__3_天，为承包人入场施工创造条件。包括：撤清室内家具、陈设或将室内不易搬动的家具、陈设归堆、遮盖，以不影响施工为原则； 4.2 提供施工期间的水源、电源； 4.3 负责协调施工队与邻里之间的关系； 4.4 不拆动室内承重结构，如需拆改原建筑的非承重结构或设备管线，负责到有关部门办理相应的审批手续； 4.5 施工期间仍使用该居室的，负责做好施工现场的保卫及消防等项工作； 4.6 参与工程质量和施工进度的监督，负责材料进场、装饰工程验收。 第五条 承包人义务 5.1 施工中严格执行安全施工操作规范、防火规定、施工规范及质量标准，按期优质完成____； 甲方签章：　　　　　　　　　　　乙方签章： 日期：2023 年 06月07日　　　　　日期：2023 年 06月07日

图1-1-2 装修合同

六、任务设计

（一）任务形式

（1）学生在课堂上根据操作步骤独立完成；

（2）同桌同学互相审核新增的商品服务档案和客户信息档案，并在评价表上进行评分；

（3）企业导师审核所开具的专用发票，并在评价表上进行评分；

（4）教师就学生对同桌的评价、学生训练态度进行评分。

（二）任务评价

本次任务采用同学评价、企业导师评价和教师评价相结合的形式，具体见表1-1-1。

表1-1-1　增值税普通发票任务评价表

班级：　　　　　姓名：　　　　　学号：

评价项目	分值/分	评分/分	备注
领购发票	15		每种5分，同学评价
新增商品服务档案	20		同学评价
新增客户信息档案	20		同学评价
开具普通发票	25		企业导师评价
给同学评价	10		教师评价
训练态度	10		教师评价
合计	100		

七、操作步骤

（一）查询纳税主体基本信息

单击系统左侧"基础设置|纳税主体管理"，在纳税主体管理界面，单击开票公司名称"北京田艺装饰有限公司"，右侧显示该公司相关信息，如图1-1-3所示。

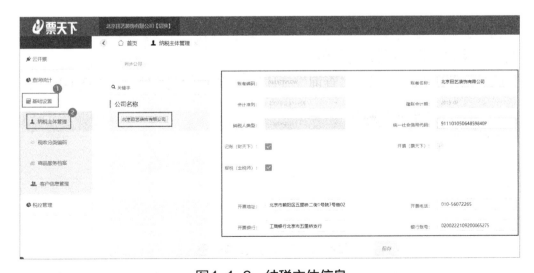

图1-1-3　纳税主体信息

（二）领购发票

（1）单击系统左侧"云开票"|"发票登记"，显示发票领购界面。选择开票终端："北京田艺装饰有限公司"，选择发票类型："普通发票"，点击"领购"，如图1-1-4所示。

图1-1-4　发票领购信息图

（2）弹出"税控盘密码"窗口，输入密码：88888888，单击"确定"按钮，如图1-1-5所示。

（3）确定后，系统弹出"数量"窗口，输入本次领用的数量"25"，单击"确定"按钮，如图1-1-6所示。

图1-1-5　发票领购信息图

图1-1-6　输入领用数量

（4）领购"增值税专用发票25张""增值税电子普通发票25张"，操作与领购增值税普通发票类似，此处略。

（5）领购完成后，点击"查询"，可以查看领购的发票信息，如图1-1-7所示。

图1-1-7　发票领购信息

注：领购的发票未用完时，下次开票无须再次领购；当剩余份数为0时，再次领购。

（三）新增商品服务档案

（1）单击"基础设置|商品服务档案"，在"税收分类"上面的搜索框中输入税收分类名称"装饰服务"，选中"税收分类"列表下最末级的"装饰服务"，单击"新增"，如图1-1-8所示。

注：①税收分类名称不是商品名称。

② 一定是选中"税收分类"列表下的最末级，然后再单击"新增"。

③ 此时"装饰服务"字体底色为浅黄色。

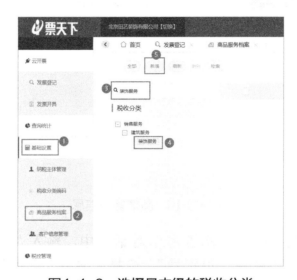

图1-1-8　选择最末级的税收分类

（2）在弹出的"新增商品"对话框中输入商品服务名称"装修服务"、参考单价"27000.00"、选择税率"9"，检查无误后，单击"确定"按钮，如图1-1-9所示，新增商品服务档案工作完成。

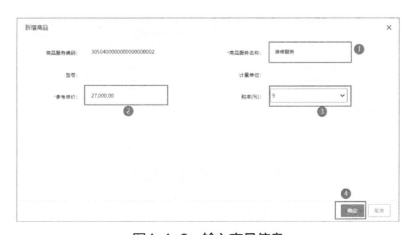

图1-1-9　输入商品信息

注：①此处要仔细！商品信息主数据一旦被使用，将无法对其进行修改或删除。

② 对于已经新增的商品服务档案，下次可以直接使用，无须重复新增。

（四）新增客户信息档案

（1）在"票天下"界面，单击"基础设置|客户信息管理"，单击"新增"，如图1-1-10所示。

图1-1-10　新增客户信息

（2）在弹出的"客户信息管理"对话框中，输入"客户名称""银行账号""开户银行""纳税人识别号"，选择"纳税人类型"，输入"开票地址""电话"，检查无误后，单击"保存"，如图1-1-11所示，新增客户信息工作完成。

图1-1-11　输入客户信息

注：①此处要仔细！客户信息主数据一旦被使用，将无法对其进行修改或删除。

② 对于已经新增的客户信息档案，下次可以直接使用，无须重复新增。

（五）新增发票，完善票面信息

（1）进入"票天下"界面，单击"云开票|发票开具"，修改税控所属日期为"2023-07-06"，单击"新增"按钮，进入发票开具界面，如图1-1-12所示。

图1-1-12　新增发票

（2）在发票开具界面，选择公司："北京田艺有限公司"，票据类型："普通（纸）"，核对"开票日期"，如图1-1-13所示。

图1-1-13　选择发票类型和日期

（3）填写"增值税普通发票"。①选择客户信息：单击购买方"名称"行右侧"🔍"按钮，在弹出的对话框中选择"天津艾丝碧西餐饮管理公司"；②选择商品信息：单击发票信息第一行"货物或应税劳务、服务名称"列右边的"🔍"按钮，选择"装修服务"，此时会自动带出该商品的参考单价27000；③数量填"1"，系统自动算出"金额（含税）""税额"；④根据案例要求填写发票备注。如图1-1-14所示。

注：①选中客户名称后，系统会自动将已预置好的购买方其他信息填入购买方的相应位置。
②此时的27000是含税的，后面需要换算成不含税的。

（4）"含税发票"转"不含税发票"的处理。由于案例要求开具"不含税增值税普通发票"，而目前填写的是"含税金额27000"，发票是"含税的"，因此需要将"含税发票"转为"不含税发票"。操作如下：单击发票上面"不含税"按钮（标①的位置），此时"单价（含税）""金额（含税）"即可自动换算成"单价（不含税）"和"金额（不含税）"（标②的位置），如图1-1-15所示。

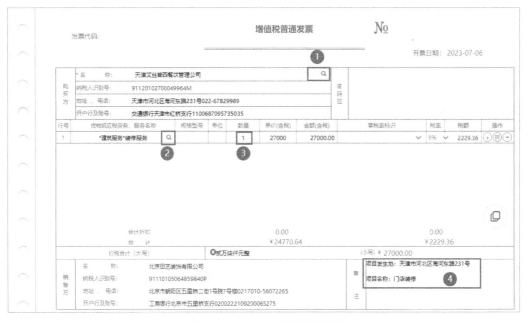

图1-1-14　填写普通发票

图1-1-15　"含税发票"转"不含税发票"

（六）审核开票信息并开具发票

检查审核发票信息，如无误后，单击"发票开具"按钮，发票开具成功。最终列表页面第一条数据就是刚刚开具的发票信息，单击右侧" ⌕ "按钮，即可查看已开具的发票，如图1-1-16所示。

图1-1-16　发票开具

"增值税普通发票"开具成功后，系统根据开具的"增值税普通发票"，会自动在"财天下"生成"记账凭证"，如图1-1-17所示。

图1-1-17　查询凭证

拓展：增值税普通发票"开具有误"的处理。

（1）删除自动生成的记账凭证。进入智能财税"财天下"，点击"凭证|凭证管理"，如图1-1-18所示。

在"凭证管理"界面，选择起始日期为凭证所在的日期"2023-07至2023-07"，找到有误发票对应的"记账凭证"，勾选该"记账凭证"前面的小方框，在右上角"更多"下拉框中选择"批量删除"，即可删除该笔记账凭证，如图1-1-19所示。

图1-1-18 进入"凭证管理"界面

图1-1-19 删除记账凭证

（2）退回"财天下"的发票信息。在"财天下"中，单击"凭证|票据制单"，如图1-1-20所示。

图1-1-20 进入"票据制单"界面

在"票据制单"界面，选择单据所在的日期"2023-07"，单击"销项发票"选项卡，勾选需要退回的制单信息，单击右上角的"退回"按钮，如图1-1-21所示。

图1-1-21　退回制单信息

　　在弹出的"图片退回原因"框中输入退回原因，单击右下角"确定"按钮，即可退回单据，如图1-1-22所示。

图1-1-22　输入图片退回原因

　　（3）作废发票。进入"票天下"，修改税控所属日期为"开票日期"，勾选有误的发票前面的小方框，此时上方"作废"按钮变成蓝色，单击"作废"按钮，即可将有误的发票作废，如图1-1-23所示。作废后重新开具正确的发票即可。

图1-1-23　作废发票

　　注：①"增值税专用发票"开具有误的处理与"增值税普通发票"处理一样，因此增值税专用发票开具有误的处理略。

　　②开票后，系统会自动在"财天下"生成记账凭证，因此无法直接将有误的增值税普通发票"作废"，而应先删除自动生成的凭证。

　　③本书所采用的智能财税"票天下"系统中，如开具的增值税专用发票或者增

值税普通发票有误，则先将发票"作废"，再重新开具；如开具的增值税电子发票有误，则直接开具红字发票。开票报废的处理步骤总结如下："财天下"删除所生成的凭证（凭证→凭证管理）；退回票据信息（凭证→票据制单→退回）；当月作废，次月冲红；电子发票不可作废，只可冲红（故错误后不用删除凭证，直接冲红即可）。

八、课程学案

任务一　开具增值税普通发票学案

班级		姓名		上课时间		任课教师	
本节课主要实训内容							
实训课堂笔记及知识点							
实训反思							

任务二 开具增值税专用发票

一、学习目标

知识目标：了解增值税专用发票用途、开票人、联次及进项税抵扣，了解发票管理办法等相关法律法规的基本内容。

能力目标：能在智能财税平台上代理开具增值税专用发票。

素养目标：能自觉遵守发票管理相关法律法规，培养法治意识，严守法律底线。

二、知识准备

增值税专用发票，是供增值税一般纳税人生产经营增值税应税项目使用的一种特殊发票。

增值税专用发票一般只能由增值税一般纳税人领购使用，小规模纳税人需要使用的，只能经税务机关批准后由当地的税务机关代开。

增值税专用发票有四个联次和七个联次两种，第一联为存根联（用于留存备查），第二联为发票联（用于购买方记账），第三联为抵扣联（用作购买方扣税凭证），第四联为记账联（用于销售方记账）。七联次的其他三联为备用联，分别作为企业出门证、检查和仓库留存用。

购货方可以凭增值税专用发票抵扣联依法申报认证抵扣进项税额。

发票是财务收支的法定凭证，是会计核算的原始依据，也是审计机关、税务机关执法检查的重要依据。

刑法条文第二百零六条规定：伪造或者出售伪造的增值税专用发票的，处三年以下有期徒刑、拘役或者管制，并处二万元以上二十万元以下罚金；数量较大或者有其他严重情节的，处三年以上十年以下有期徒刑，并处五万元以上五十万元以下罚金；数量巨大或者有其他特别严重情节的，处十年以上有期徒刑或者无期徒刑，并处五万元以上五十万元以下罚金或者没收财产。伪造并出售伪造的增值税专用发票，数量特别巨大，情节特别严重，严重破坏经济秩序的，处无期徒刑或者死刑，并处没收财产。

三、任务情境

2023年7月8日，北京田艺装饰有限公司按照合同完成了对北京欧雅贸易有限公司办公室的装修服务，合同约定装修服务费价税合计158950.00元。请涉税服务岗人员开具不含税增值税专用发票。开具增值税专用发票情境如图1-2-1所示。

图1-2-1　开具增值税专用发票情境图

发票信息如下。

税收分类名称：装饰服务（税率9%）。

客户名称：北京欧雅贸易有限公司。

纳税人类型：一般纳税人。

纳税人识别号：91110106838737334C。

地址电话：北京市西城区新街口外大街8号，010-62680087。

开户银行及账号：工商银行北京市六铺炕支行，0200022319006834823。

备注栏内填写信息如下。

项目发生地：北京市西城区新街口外大街8号。

项目名称：室内装修。

四、任务资料

北京欧雅贸易有限公司装修合同如图1-2-2所示。

五、任务要求

共享中心"涉税服务岗"员工按要求在智能财税"票天下"系统中为田艺

图1-2-2　北京欧雅贸易有限公司装修合同

公司开具增值税专用发票，具体要求如下：

　　（1）新增商品信息档案；

　　（2）新增客户信息档案；

　　（3）新增发票，完善票面信息；

　　（4）审核开票信息并开具发票。

六、任务设计

（一）任务形式

（1）学生在课堂上根据操作步骤独立完成；

（2）同桌同学互相审核新增的商品服务档案和客户信息档案，并在评价表

上进行评分;

（3）企业导师审核开具的专用发票，并在评价表上进行评分;

（4）教师就学生对同桌的评价、学生训练态度进行评分。

（二）任务评价

本次任务采用同学评价、企业导师评价和教师评价相结合的形式，具体见表1-2-1。

表1-2-1　增值税专用发票任务评价表

班级：　　　　　姓名：　　　　　学号：

评价项目	分值/分	评分	备注
新增商品服务档案	25		同学评价
新增客户信息档案	25		同学评价
开具专用发票	30		企业导师评价
给同学评价	10		教师评价
训练态度	10		教师评价
合计	100		

七、操作步骤

（一）新增商品服务档案

根据任务情境，本任务中的商品名称与任务一一样，均为"装修服务"，在任务一时已经新增，故此时不用重复新增。

（二）新增客户信息档案

（1）在"票天下"界面，单击"基础设置|客户信息管理"，单击"新增"，如图1-2-3所示。

（2）在弹出的"客户信息管理"对话框中，输入"客户名称""银行账号""开户银行""纳税人识别号"，选择"纳税人类型"，输入"开票地址""电话"，检查无误后，单击"保存"，结果如图1-2-4所示，新增客户信息工作完成。

（三）新增发票，完善票面信息

（1）进入"票天下"界面，单击"云开票|发票开具"，修改税控所属日期为案例日期"2023-07-08"，单击"新增"按钮，进入发票开具界面，如图1-2-5所示。

图1-2-3　新增客户信息

图1-2-4　新增客户信息

图1-2-5　新增发票

（2）在发票开具页面选择公司："北京田艺有限公司"，票据类型："专票（纸）"，核对"开票日期"，如图1-2-6所示。

图1-2-6　选择发票类型和日期

（3）填写"增值税专用发票"。①选择客户信息：单击购买方"名称"行右侧"🔍"按钮，在弹出的对话框中选择"北京欧雅贸易有限公司"；②选择商品信息：单击发票信息第一行"货物或应税劳务、服务名称"列右边的"🔍"按钮，选择"装修服务"，此时会自动带出该商品的参考单价27000.00；③根据案例资料，修改"单价（含税）"为158950.00；④数量填"1"，系统自动算出"金额（含税）""税额"；⑤根据案例要求填写发票备注。如图1-2-7所示。

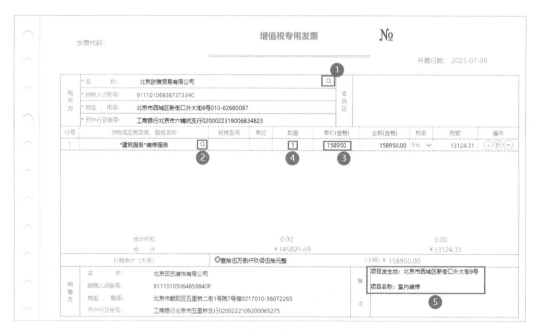

图1-2-7　填写增值税专用发票

注：此时的158950.00是含税的，后面需要换算成不含税的。

（4）"含税发票"转"不含税发票"的处理。由于案例要求开具"不含税增值税专用发票"，而目前填写的是"含税金额158950.00"，发票是"含税的"，因此需要将"含税发票"转为"不含税发票"。操作如下：单击发票上面"不含税"按钮（标①的位置），此时"单价（含税）""金额（含税）"即可自动换算成"单价（不含税）"和"金额（不含税）"（标②的位置），如图1-2-8所示。

（四）审核开票信息并开具发票

检查审核发票信息，如无误后，单击"发票开具"按钮，发票开具成功。最终列表页面第一条数据就是刚刚开具的发票信息，单击右侧"🔍"按钮，即可查看已开具的发票，如图1-2-9所示。

"增值税专用发票"开具成功后，系统根据开具的"增值税专用发票"，会自动在"财天下"生成"记账凭证"，如图1-2-10所示。

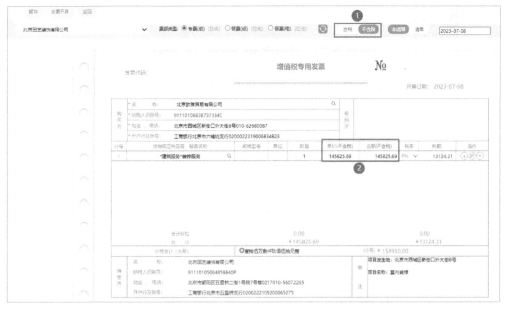

图1-2-8 "含税发票"转"不含税发票"

图1-2-9 增值税专用发票开具

图1-2-10 查询增值税专用发票生成的凭证

八、课程学案

任务二　开具增值税专用发票学案

班级		姓名		上课时间		任课教师	
本节课主要实训内容							
实训课堂笔记及知识点							
实训反思							

任务三　开具增值税电子发票

一、学习目标

　　知识目标：了解推行全面数字化的电子发票的背景、电子发票的意义等内容。

　　能力目标：能在智能财税平台上代理开具电子发票。

　　素养目标：了解最新的金税四期，紧跟"以数治税"时代的步伐，培养终身学习的理念。

二、知识准备

为贯彻落实中办、国办印发的《关于进一步深化税收征管改革的意见》要求，按照国家税务总局对发票电子化改革（金税四期）的部署，2021年12月1日起，内蒙古自治区、上海市和广东省（不含深圳市，下同）三个地区开展推行全面数字化的电子发票试点工作。全面数字化的电子发票因具有无须领用、开具便捷、信息集成、节约成本等优点，受到越来越多纳税人的欢迎。国家税务总局将本着稳妥有序的原则，逐步扩大试点地区和纳税人范围。

全面数字化的电子发票的发行和实施具有非常积极的意义。电子发票可以降低收到假发票的风险、方便保存和使用发票，对打印次数没有限制、不用再担心发票丢失从而影响维权或报销等，为企业节约了大量成本，大大减轻了发票相关的烦琐事务；发票的开具和上传是同步的，税收监管会第一时间接收到交易各方的涉税信息，将更及时地发现各类违法涉税操作，涉税监管水平进一步提升；税收监管不只是查税，也会涉及非税业务，联合银行、工商、公安以及劳动部门等机构的数据信息，非税业务监管也将进一步升级。

金税三期的核心是以票控税，金税四期的目标是以数控税。全面数字化的电子发票，将在其中承担非常重要的角色。金税三期和四期关系如图1-3-1所示。

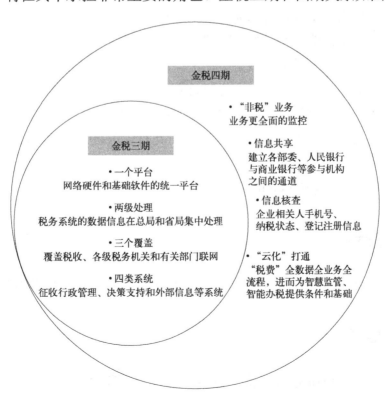

图1-3-1　金税三期和四期关系图

三、任务情境

2023年7月21日，北京田艺装饰有限公司按照合同完成了对北京浩清会计师事务所（普通合伙）的室内设计服务，合同约定设计服务费价税合计7100.00元。请涉税服务岗人员开具不含税增值税电子普通发票。开具增值税电子发票情境如图1-3-2所示。

图1-3-2　开具增值税电子发票情境图

发票信息如下。

税收分类名称：工程设计服务（税率6%）。

客户名称：北京浩清会计师事务所（普通合伙）。

纳税人类型：小规模纳税人。

纳税人识别号：91110112400GB2111K。

地址电话：北京市朝阳区来广营南鹿鸣春大酒店，010-40010131。

开户银行及账号：工商银行北京市玉东支行，0200248109200072801。

手机号码：18826173365。

电子邮箱：bjhq@163.com。

四、任务资料

北京浩清会计师事务所（普通合伙）室内设计服务合同如图1-3-3所示。

五、任务要求

共享中心"涉税服务岗"员工按要求在智能财税"票天下"系统中为田艺公司开具增值税电子发票，具体要求如下：

装 修 设 计 　 合 同

（ 2023 ） 第 　 05 　 号

甲 方	北京浩清会计师事务所（普通合伙）	乙 方	北京田艺装饰有限公司
地 址	北京市朝阳区来广营由鹿鸣客大酒店	地 址	北京市朝阳区马里桥二街1号院7号楼0217
电 话	010-40010131	电 话	010-56072265
联系人	李立	联系人	赵田艺
合同条款	第一条 设计收费及支付方式 （一）经甲乙双方商定设计费为7100.00元，金额大写柒仟壹佰元整。 （二）付款方式甲方收到设计方案验收满意后银行转账方式支付全款。 第二条 设计内容约定：乙方应交付给甲方全套设计图纸 1）设计说明；2）平面设计图及地面材质图；3）各部位立面图及剖面图； 4）节电大样图；5）固定家具图；6）强、弱电平面图；7）强、弱电系统图； 8）给水排水平面图（涉及改造部分）9）顶视图；10）效果图（甲方如需乙方制作）；11）装修材料表。 第三条 双方权利及义务 （一）甲方 1）初步达成协议后，甲方带领乙方设计师至居室现场进行实地测量记录。 2）平面设计阶段，甲方有权较大地变更自己的设计要求两次；施工图阶段，甲方有权较大地变更自己的设计要求一次。细节变更不计。 （二）乙方 1）自协议签订之日起，乙方于2023年07月21日前提交平面设计图，若甲方不满意此设计，乙方须提交修改后的平面设计图，直至甲方认可为止。平面设计定稿后，乙方认可乙方设计的全套设计图后，乙方须提交全套装修材料表，拟定预算书。 第四条 合同纠纷解决方式 本协议在执行过程中发生纠纷，由双方友好协商解决。协商不成，提请相关部门仲裁解决。 第五条协议文本 1）本协议经甲、乙双方签字后生效。 2）本协议签订后乙方不得将甲方的委托设计转包。 3）本协议一式两份，甲、乙双方各执一份。 4）此协议履行完毕后自动终止。 甲方签章： 日期：2023年07月01日			乙方签章： 日期：2023年07月01日

图1-3-3 　北京浩清会计师事务所（普通合伙）室内设计服务合同

（1）新增商品信息档案；

（2）新增客户信息档案；

（3）新增发票，完善票面信息；

（4）审核开票信息并开具发票。

六、任务设计

（一）任务形式

（1）学生在课堂上根据操作步骤独立完成；

（2）同桌同学互相审核新增的商品服务档案和客户信息档案，并在评价表上进行评分；

（3）企业导师审核开具的电子发票，并在评价表上进行评分；

（4）教师就学生对同桌的评价、学生训练态度进行评分。

（二）任务评价

本次任务采用同学评价、企业导师评价和教师评价相结合的形式，具体见表1-3-1。

表1-3-1 增值税电子发票任务评价表

班级： 姓名： 学号：

评价项目	分值/分	评分	备注
新增商品服务档案	25		同学评价
新增客户信息档案	25		同学评价
开具电子发票	30		企业导师评价
给同学评价	10		教师评价
训练态度	10		教师评价
合计	100		

七、操作步骤

（一）新增商品服务档案

（1）单击"基础设置|商品服务档案"，在"税收分类"上面的搜索框中输入税收分类名称"工程设计服务"，选中"税收分类"列表下的"工程设计服务"，单击"新增"，如图1-3-4所示。

（2）在弹出的"新增商品"对话框中输入商品服务名称"室内设计服务"、参考单价"7100.00"、选择税率"6"，检查无误后，单击"确定"按钮，如图1-3-5所示，新增商品服务档案工作完成。

（二）新增客户信息档案

（1）在"票天下"界面，单击"基础设置|客户信息管理"，单击"新增"，如图1-3-6所示。

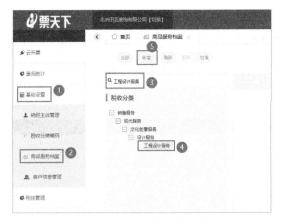

图1-3-4 选择最末级的税收分类

注：①此处是税收分类名称不是商品名称。

②此时"工程设计服务"字体底色为浅黄色。

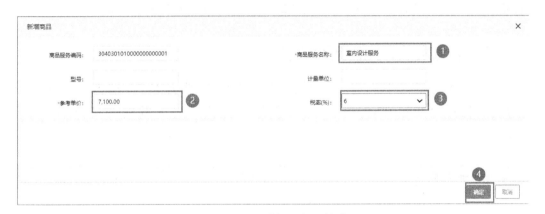

图1-3-5 输入商品信息

注：①此处要仔细！商品信息主数据一旦被使用，将无法对其进行修改或删除。

②对于已经新增的商品服务档案，下次可以直接使用，无须重复新增。

图1-3-6 新增客户信息

（2）在弹出的"客户信息管理"对话框中，输入"客户名称""银行账号""开户银行""纳税人识别号"，选择"纳税人类型"，输入"开票地址""电话"，检查无误后，单击"保存"，结果如图1-3-7所示，新增客户信息工作完成。

图1-3-7　新增客户信息

注：此处的客户信息管理填写的"客户名称"一定要与案例给的信息一模一样，包括"（普通合伙）"字样，否则后续无法自动关联客户主数据，无法结转销售成本。

（三）新增发票，完善票面信息

（1）进入"票天下"界面，单击"云开票|发票开具"，修改税控所属日期为案例日期"2023-07-21"，单击"新增"按钮，进入发票开具界面，如图1-3-8所示。

图1-3-8　新增发票

（2）在发票开具页面，选择公司："北京田艺有限公司"，票据类型："普票（电）"，输入接收人"电话""邮箱"，核对"开票日期"，如图1-3-9所示。

图1-3-9　选择发票类型和日期

注：该邮箱真的可以收到这张电子发票哦，同学们可以输入自己的邮箱试试。

（3）填写"增值税电子发票"。①选择客户信息：单击购买方"名称"行右侧"🔍"按钮，在弹出的对话框中选择"北京浩清会计师事务所（普通合伙）"；②选择商品信息：单击发票信息第一行"货物或应税劳务、服务名称"列右边的"🔍"按钮，选择"室内设计服务"，此时会自动带出该商品的参考单价7100.00；③数量填"1"，系统自动算出"金额（含税）""税额"，如图1-3-10所示。

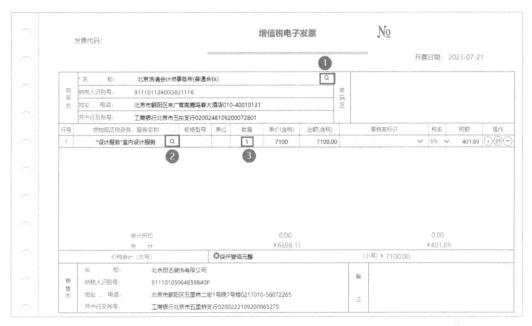

图1-3-10　填写增值税电子发票

（4）"含税发票"转"不含税发票"的处理。由于案例要求开具"不含税增值税电子发票"，而目前填写的是"含税金额7100.00"，发票是"含税的"，因此需要将"含税发票"转为"不含税发票"。操作如下：单击发票上面"不含税"按钮（标①的位置），此时"单价（含税）""金额（含税）"即可自动换算成"单价（不含税）"和"金额（不含税）"（标②的位置），如图1-3-11所示。

（四）审核开票信息并开具发票

检查审核发票信息，如无误后，单击"发票开具"按钮，发票开具成功。最终列表页面第一条数据就是刚刚开具的发票信息，单击右侧"🔍"按钮，即可查看已开具的发票，如图1-3-12所示。

"增值税电子发票"开具成功后，系统根据开具的"增值税电子发票"，会自动在"财天下"生成"记账凭证"，如图1-3-13所示。

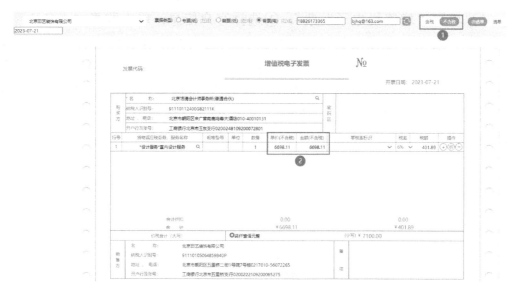

图1-3-11 "含税发票"转"不含税发票"

图1-3-12 增值税电子发票开具

图1-3-13 查询增值税电子发票生成的凭证

拓展：增值税电子发票开具有误的处理

在智能财税"票天下"系统中，电子发票不能"作废"，只能"冲红"。在"票天下"系统"发票开具"界面，修改税控所属日期为"发票开具"的日期，勾选有误的电子发票前面的小方框，单击上方"开蓝字发票"向下的箭头，点击下拉框中的"开红字发票"，即可将有误的电子发票"冲红"，如图1-3-14所示。冲红后重新开具正确的电子发票即可。

图1-3-14 电子发票冲红

八、课程学案

任务三 开具增值税电子发票学案

班级		姓名		上课时间		任课教师	
本节课主要实训内容							
实训课堂笔记及知识点							

续表

班级		姓名		上课时间		任课教师	
实训反思							

📚 **课后练习**

1.（单选题）财税共享服务中心票据岗员工为具有开票资格的一般纳税人代开纸质发票，在设置纳税主体档案配置税控信息完成后，在"发票领购"时需要选择（　　　）后才能点击"领购"按钮。

A.销方名称　　　　　　　　　B.开票终端

C.发票类型　　　　　　　　　D.填写购货方信息和商品行信息

2.（判断题）填开发票的单位和个人在经营业务发生之前和之后都可以开具发票。（　　　）

✒️ **参考答案**

1. C；2. ×

模块二

日常业务单据整理与制单

单据整理和制单流程如图2-0-1所示。

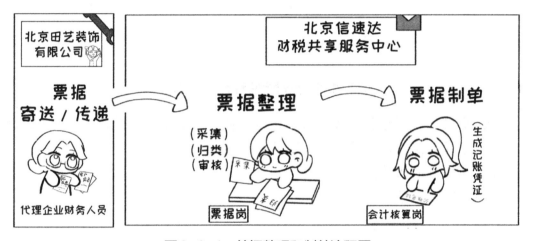

图2-0-1　单据整理和制单流程图

任务一　预付仓储费

一、学习目标

知识目标：掌握预付账款的概念及预付费用的会计核算。

能力目标：能在智能财税平台上采集、归类、审核付款申请书、银行回单、发票等原始凭证，能判断系统自动生成的预付仓储费记账凭证的对错，并进行修改完善。

素养目标：严守客观公正的会计职业道德；提高参与管理的能力，向管理会计转型。

二、知识准备

预付账款是指企业按照合同规定预付的款项。预付账款包括所有预付的款项，可能是货款也可能是相关的费用。预付的费用部分根据受益期长短直接计入当月有关成本、费用，或通过待摊、预提的办法分月摊提计入有关成本、费用。

预付仓储费的会计核算如图2-1-1所示。

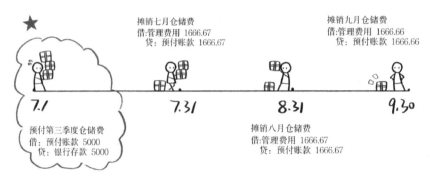

图2-1-1　预付仓储费的会计核算

管理会计之预付账款：预付账款是资产在对方手里的一种情况，也有坏账风险。关于预付账款，我们重点关注以下两点：

①预付账款的账龄；

②预付账款对象明细。

三、任务情境

2023年7月1日，行政部申请支付本年度第三季度仓储费用5000.00元，出纳以银行转账支付。请票据处理岗人员采集票据信息，请会计核算岗人员根据原始凭证生成记账凭证。预付仓储费情境如图2-1-2所示。

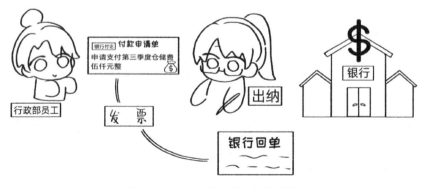

图2-1-2　预付仓储费情境图

四、任务资料

预付仓储费任务资料如图2-1-3至图2-1-5所示。

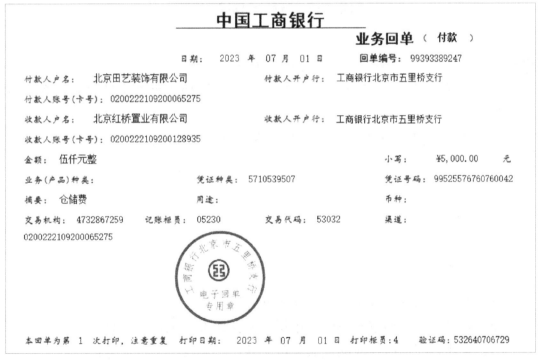

银行付讫

付款申请书

2023 年 07 月 01 日填　　　　字　　　号

收款单位	北京红桥置业有限公司			付款原因
账号	0200222109200128935			行政部申请支付第三季度仓储费
开户行	工商银行北京市五里桥支行			
金额	零佰零拾零万伍仟零佰零拾零元零角零分			
附件	1 张	金额(小写) ¥5,000.00		
审批 李强		财务 李煜		

财务主管 李煜　　记账 赵倩　　复核 李煜　　出纳 朱丹　　制单 赵倩

图2-1-3 “预付仓储费”付款申请书

中国工商银行

业务回单（ 付款 ）

日期： 2023 年 07 月 01 日　　回单编号： 99393389247

付款人户名： 北京田艺装饰有限公司　　付款人开户行： 工商银行北京市五里桥支行

付款人账号(卡号)： 0200222109200065275

收款人户名： 北京红桥置业有限公司　　收款人开户行： 工商银行北京市五里桥支行

收款人账号(卡号)： 0200222109200128935

金额： 伍仟元整　　小写： ¥5,000.00 元

业务(产品)种类：　　凭证种类： 5710539507　　凭证号码： 99525576760760042

摘要： 仓储费　　用途：　　币种：

交易机构： 4732867259　　记账柜员： 05230　　交易代码： 53032　　渠道：

0200222109200065275

工商银行北京市五里桥支行 电子回单专用章

本回单为第 1 次打印，注意重复　打印日期： 2023 年 07 月 01 日　打印柜员：4　验证码：532640706729

图2-1-4 “预付仓储费”银行回单

五、任务要求

共享中心“票据岗”员工按要求在智能财税“财天下”系统中采集单据并

图2-1-5 "预付仓储费"发票

进行校验，"会计核算岗"员工进行业务制单，具体要求如下：

（1）"票据岗"员工采集"预付仓储费业务"相关单据影像信息，系统自动对单据进行识别分类；

（2）"票据岗"员工对自动识别的票据进行人工校验；

（3）"会计核算岗"员工手动修改自动生成的记账凭证。

六、任务设计

（一）任务形式

（1）学生在课堂上根据操作步骤独立完成；

（2）同桌同学互相审核校验的单据，并在评价表上进行评分；

（3）企业导师审核生成的记账凭证，并在评价表上进行评分；

（4）教师就学生对同桌的评价、学生训练态度进行评分。

（二）任务评价

本次任务采用同学评价、企业导师评价和教师评价相结合的形式，具体见表2-1-1。

表2-1-1　预付仓储费任务评价表

班级：　　　　　　姓名：　　　　　　学号：

评价项目	分值/分	评分/分	备注
采集并校验单据	40		同学评价
编制记账凭证	40		企业导师评价
给同学评价	10		教师评价
训练态度	10		教师评价
合计	100		

七、操作步骤

（一）"票据岗"员工采集"预付仓储费"单据影像

（1）在"财天下"系统中，单击"票据|票据采集"，打开"票据采集"选项卡，如图2-1-6所示。

图2-1-6　进入"票据采集"界面

（2）在"票据采集"选项卡界面，选择会计期为"2023-07"，单击右边"采集"向下的箭头，选择"教学平台图片/PDF"，如图2-1-7所示。

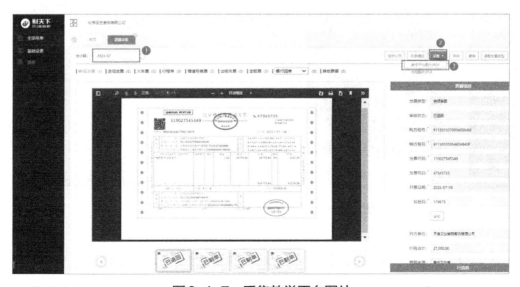

图2-1-7　采集教学平台图片

（3）在弹出的"发票详细信息"对话框中，选择本任务的三张单据，点击"确定"按钮，如图2-1-8所示。

图2-1-8　选中"预付仓储费"的单据

（4）系统弹出"共上传3条数据"对话框，对话框显示上传的三张单据分别自动归类到"银行回单""进项发票"和"其他发票"，点击"关闭"按钮，如图2-1-9所示。

图2-1-9　"共上传3条数据"对话框

（二）"票据岗"员工对自动识别的票据进行人工校验

（1）检查三张单据系统的自动分类是否正确。本任务中"仓储费发票"自动归类到"进项发票"、"工商银行回单"自动归类到"银行回单"、"付款申请书"自动归类到"其他发票",系统自动归类正确,无须调整。

注:系统将票据分为"销项发票""进项发票""火车票""行程单""增值税卷票""出租车票""定额票""银行回单"和"其他票据"9个类别,不属于前面8个类别的,则归属于"其他票据"类别。如果系统自动分类的类别错误,则需要调整到正确的类别。点击右上角"调整发票类型",在弹出的"发票类型调整"对话框中选择正确的票据类型,点击"保存"即可。如图2-1-10所示。

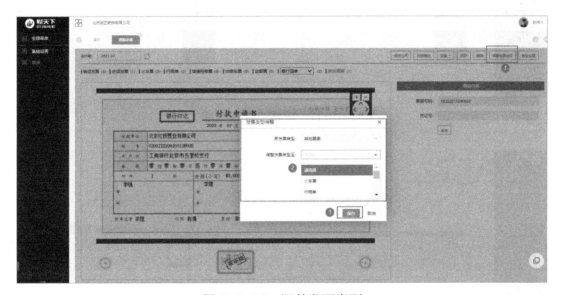

图2-1-10 调整发票类型

（2）审核"工商银行回单"。点击"银行回单"选项卡,找到采集进来的"中国工商银行回单",核对右边的"票据信息"是否与左边的"银行回单"一致,如不一致,则需修改右边的"票据信息",无误后,点击右下角的"审核"按钮。此时,回单下方状态变成"已审核",如图2-1-11所示。

（3）审核"付款申请单"。点击"其他票据"选项卡,找到采集进来的"付款申请单",点击右边"审核"按钮。此时,"付款申请单"下方状态变成"已审核",如图2-1-12所示。

（4）校验"仓储费发票"。点击"进项发票"选项卡,找到采集进来的"仓储费发票",核对右边的"票据信息""行项目"是否与发票票面信息一致。如果不一致,则需修改"票据信息""行项目"信息为正确的发票信息,然后点击右边"发票信息"框中的"审核"按钮,如图2-1-13所示。

弹出单据"审核结果",并提示"发票审核成功,请稍候去票据制单中查看",点击"确定"按钮,如图2-1-14所示。

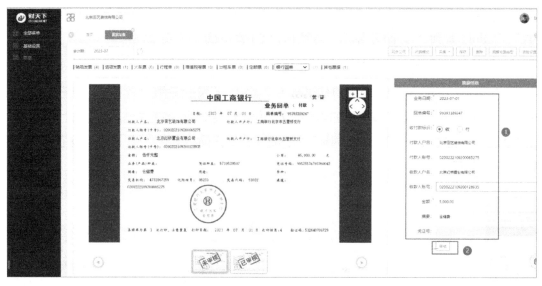

图2-1-11　审核"银行回单"

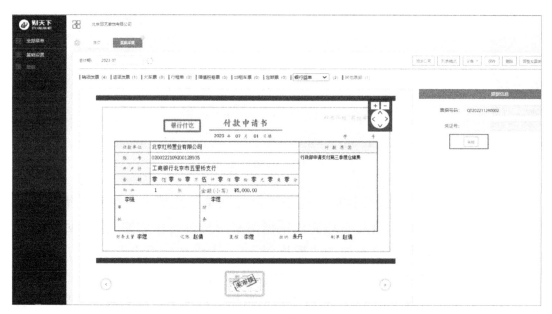

图2-1-12　审核"付款申请单"

（三）"会计核算岗"员工手动修改记账凭证

（1）查看已自动生成的记账凭证。本题"仓储费发票"为"进项发票"，因此发票校验后自动生成了记账凭证。进入"财天下"系统，点击"凭证|凭证管理"，进入"凭证管理"界面，如图2-1-15所示；选择凭证所在的期间，找到该笔发票对应的分录，点击蓝色的凭证号，即可看到该记账凭证，如图2-1-16所示。

图2-1-13　核对发票信息

图2-1-14　审核结果

注：只有"销项发票"和"进项发票"类别里面的票据审核后会自动制单，生成记账凭证，其他类别的票据审核后不会自动生成记账凭证。

图2-1-15　进入"凭证管理"界面

图2-1-16 凭证管理

注：系统自动生成的记账凭证不一定正确，需要会计核算岗员工进行检查和修改。

（2）手动修改记账凭证。检查系统自动生成的记账凭证，发现自动生成的记账凭证有3个地方需要修改：①凭证日期（2023-07-31→2023-07-01）；②摘要（报销仓储费用→预付仓储费）；③附件及附件张数（少了付款申请单和银行回单），如图2-1-17所示。

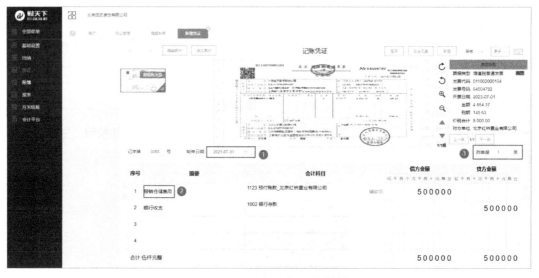

图2-1-17 自动生成的"预付仓储费"记账凭证

①日期和②摘要直接修改即可，③添加附件的修改方法为：点击"添加图片"，在弹出的"单据图片"对话框中确认上传起始日期无误后，点击"查询"，如图2-1-18所示。

双击选中"付款申请单"和"银行回单"，附件张数变为"3"。此时，记账凭证修改完毕，点击"保存"，如图2-1-19所示。

图2-1-18 单据图片

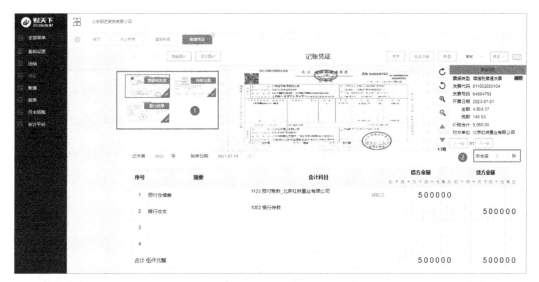

图2-1-19 "预付仓储费"记账凭证

八、课程学案

任务一 预付仓储费学案

班级		姓名		上课时间		任课教师	
本节课主要实训内容							
课堂笔记及知识点							

班级		姓名		上课时间		任课教师	
反思							

任务二 收到欠款

一、学习目标

知识目标：掌握应收账款的概念及收到欠款的会计核算。

能力目标：能在智能财税平台上采集、归类、审核银行回单原始凭证，能手动新增收到欠款记账凭证。

素养目标：养成终身学习的习惯，不断提高自身的专业素养，提高参与管理的能力；树立人生目标，实现个人成长，做自己人生的主人。

二、知识准备

应收账款是指企业因销售商品、提供劳务等经营活动，应向购货单位或接受劳务单位收取的款项，包括应收的合同或协议价款、增值税销项税额，以及代购货单位垫付的包装费、运杂费、保险费等。

收到欠款会计分录如下。

借：银行存款

　　贷：应收账款

应收账款的日常管理：

①设置应收账款明细分类账；

②设置专门的赊销和征信部门；

③实行严格的坏账核销制度。

拓展：电商支付宝收到的款如何做账（图2-2-1）？

图2-2-1　电商支付宝收到的款如何做账

三、任务情境

2023年7月3日，收到中唐空间（北京）建筑装饰公司支付欠款56000.00元。请票据处理岗人员采集票据信息，请会计核算岗人员根据原始凭证生成记账凭证。收到中唐公司欠款情境如图2-2-2所示。

图2-2-2　收到中唐公司欠款情境图

四、任务资料

收到中唐公司欠款任务资料如图2-2-3所示。

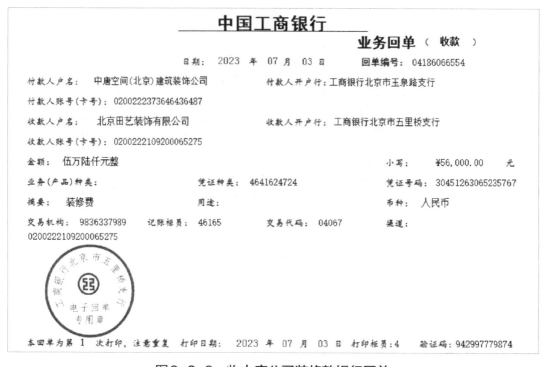

图2-2-3　收中唐公司装修款银行回单

五、任务要求

　　共享中心"票据岗"员工按要求在智能财税"财天下"系统中采集单据并进行校验，"会计核算岗"员工进行业务制单，具体要求如下：

　　（1）"票据岗"员工采集"收到欠款"相关单据影像信息，系统自动对单据进行识别分类；

　　（2）"票据岗"员工对自动识别的票据进行人工校验；

　　（3）"会计核算岗"员工手动新增记账凭证。

六、任务设计

（一）任务形式

（1）学生在课堂上根据操作步骤独立完成；

（2）同桌同学互相审核所校验的单据，并在评价表上进行评分；

（3）企业导师审核生成的记账凭证，并在评价表上进行评分；

（4）教师就学生对同桌的评价、学生训练态度进行评分。

（二）任务评价

本次任务采用同学评价、企业导师评价和教师评价相结合的形式，具体见表2-2-1。

表2-2-1　收到欠款任务评价表

班级：　　　　　　姓名：　　　　　　学号：

评价项目	分值/分	评分/分	备注
采集并校验单据	40		同学评价
编制记账凭证	40		企业导师评价
给同学评价	10		教师评价
训练态度	10		教师评价
合计	100		

七、操作步骤

（一）"票据岗"员工采集"收到欠款"单据影像

（1）在"财天下"系统中，单击"票据|票据采集"，打开"票据采集"选项卡，如图2-2-4所示。

图2-2-4　进入"票据采集"界面

（2）在"票据采集"选项卡界面，选择"会计期"为"2023-07"，单击右边"采集"向下的箭头，选择"教学平台图片/PDF"，如图2-2-5所示。

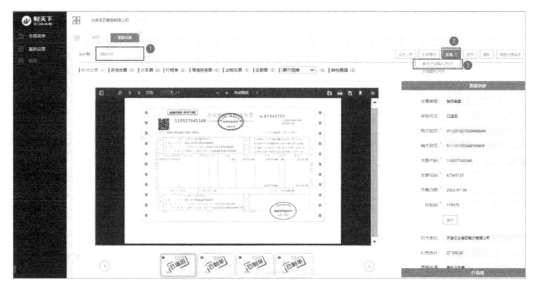

图2-2-5 采集教学平台图片

（3）在弹出的"发票详细信息"对话框中选择本任务的单据，点击"确定"按钮，如图2-2-6所示。

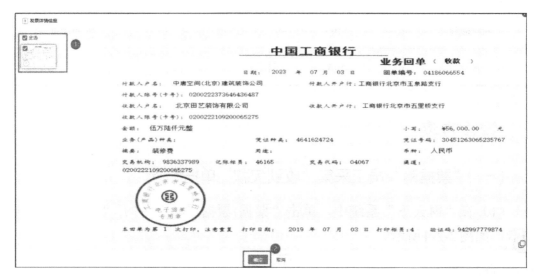

图2-2-6 选中"收到欠款"的单据

（4）系统弹出"共上传1条数据"对话框，对话框显示上传的银行回单自动归类到"银行回单"类别，点击"关闭"按钮，如图2-2-7所示。

（二）"票据岗"员工对自动识别的票据进行人工校验

（1）检查单据系统的自动分类是否正确。本任务中"中国工商银行回单"自动归类到"银行回单"，系统自动归类正确，无须调整。

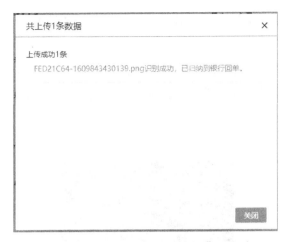

图2-2-7 "共上传1条数据"对话框

（2）审核"工商银行回单"。点击"银行回单"选项卡，找到本题采集进来的"中国工商银行回单"（单据状态为"未审核"）。核对右边的"票据信息"是否与左边的"银行回单"一致，如不一致，则需修改右边的"票据信息"，无误后，点击右下角的"审核"按钮。此时，回单下方状态变成"已审核"，如图2-2-8所示。

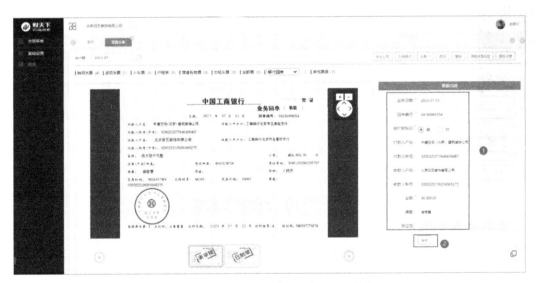

图2-2-8 审核"工商银行回单"

（三）"会计核算岗"员工手动编制记账凭证

（1）进入"财天下"系统，点击"凭证|新增凭证"，进入"新增凭证"界面，如图2-2-9所示。

（2）修改制单日期为"2023-07-03"，点击右上角"单据图片"，如图2-2-10

所示。在弹出的"单据图片"对话框中，选择发票类型"银行回单"，点击查询，如图2-2-11所示。

（3）双击选中"银行回单"附件，此时附件张数变为1。依次填写记账凭证"摘要""会计科目""金额"，检查无误后，点击右上角"保存"，如图2-2-12所示。

图2-2-9　进入"新增凭证"界面

图2-2-10　点击添加附件

图2-2-11　选择单据图片

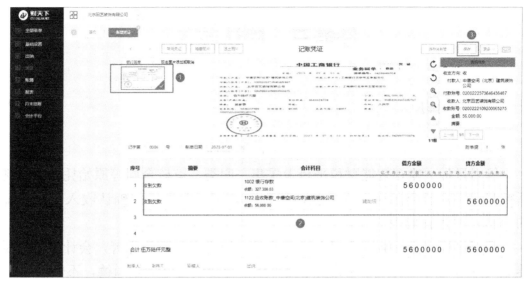

图2-2-12 新增记账凭证

八、课程学案

任务二 收到欠款学案

班级		姓名		上课时间		任课教师	
本节课主要实训内容							
课堂笔记及知识点							
反思							

任务三　确认收入

一、学习目标

知识目标：掌握收入确认包含的内容、条件及会计核算。

能力目标：能在智能财税平台上采集、归类、审核合同等原始凭证，能判断哪些业务系统会自动生成分录，能判断系统自动生成的确认收入记账凭证的对错，并进行修改完善。

素养目标：会计准则会根据经济业务发展进一步变化完善，会计人员需要养成终身学习的习惯；严守诚实守信、廉洁自律的会计职业道德，不做假账。

二、知识准备

收入的确认主要包括产品销售收入的确认和劳务收入的确认。另外，还包括提供他人使用企业的资产而取得的收入，如利息、使用费以及股利等。

收入确认的五个条件：

①主要风险报酬转移。

②主要控制管理权转移。

③相关的经济利益很可能流入企业。

④收入的金额能够可靠地计量。

⑤相关的已发生或将发生的成本能可靠地计量。

确认收入的会计分录如下。

借：应收账款/银行存款

　　贷：主营业务收入

　　　　应交税费——应交增值税（销项税额）

了解新收入准则：收入确认"五步法"（图2-3-1）。

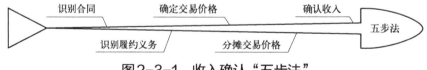

图2-3-1　收入确认"五步法"

[**收入舞弊案例**] "银广夏造假违规"。2002年5月中国证监会对银广夏的行政处罚决定书认定，公司自1998年至2001年期间累计虚增利润77156.70万

元，1999年虚增17781.86万元，实际亏损5003.20万元；2000年虚增56704.74万元，实际亏损14940.10万元；2001年1～6月虚增894万元，实际亏损2557.10万元。从原料购进到生产、销售、出口等环节，公司伪造了全部单据，包括销售合同和发票、银行票据、海关出口报关单和所得税免税文件，1999年、2000年获得"暴利"的萃取产品出口，纯属子虚乌有。

2001年9月后，因涉及银广夏利润造假案，深圳中天勤这家审计上市公司财务报表的会计师事务所实际上已经解体。财政部亦于9月初宣布，拟吊销签字注册会计师刘加荣、徐林文的注册会计师资格；吊销中天勤会计师事务所的执业资格，并会同证监会吊销其证券、期货相关业务许可证，同时，将追究中天勤会计师事务所负责人的责任。

三、任务情境

2023年7月6日，北京田艺装饰有限公司按照合同完成了对天津艾丝碧西餐饮管理公司餐饮门店的装修服务，合同约定装修服务费价税合计27000.00元，已开具增值税普通发票，款项暂未收到。请票据处理岗人员采集票据信息，请会计核算岗人员根据原始凭证生成记账凭证。确认对天津艾丝碧西餐饮公司的收入情境如图2-3-2所示。

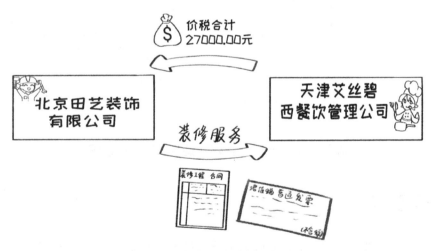

图2-3-2 确认对天津艾丝碧西餐饮公司的收入情境图

四、任务资料

天津艾丝碧西餐饮管理公司合同如图2-3-3所示。

装修工程　合同

（　2023　）第　13　号

甲方	天津艾丝碧西餐饮管理公司	乙方	北京田艺装饰有限公司
地址	天津市河北区海河东路231号	地址	北京市朝阳区五里桥二街1号院7号楼0217
电话	022-67829989	电话	010-56072265
联系人	秦凯路	联系人	赵田艺
合同条款	第一条 工程概况 1.1 工程地点：　天津市河北区海河东路231号 1.2 工程内容及做法（详见附表1：家庭居室装饰装修工程施工项目确认表。附表2：家庭居室装饰装修工程内容和做法一览表）。 1.3 工程承包方式：双方商定采取下列第___种承包方式。 （1）承包人包工、包料（详见附表5：承包人提供装饰装修材料明细表）； （2）承包人包工、部分包料，发包人提供部分材料（详见附表4：发包人提供装饰装修材料明细表。附表5：承包人提供装饰装修材料明细表）； （3）承包人包工、发包人包料（详见附表4：发包人提供装饰装修材料明细表）。 1.4 工程期限1个月，开工日期___2023__年__06__月__07__日，竣工日期___2023__年__07__月__07__日。 1.5 合同价款：本合同工程造价为（大写）：__贰万柒仟元整__ 第二条 工程监理 若本工程实行工程监理，发包人与监理公司另行签订《工程监理合同》，并将监理工程师的姓名、单位、联系方式及监理工程师的职责等通知承包人。 第三条 施工图纸 双方商定施工图纸采取下列第__1__种方式提供： （1）发包人自行设计并提供施工图纸，图纸一式二份，发包人、承包人各一份（详见附表6：家庭居室装饰装修工程设计图纸）； （2）发包人委托承包人设计施工图纸，图纸一式二份，发包人、承包人各一份（详见附表6：家庭居室装饰装修工程设计图纸），设计费（大写）_____元，由发包人支付（此费用不在工程价款内） 第四条 发包人义务 4.1 开工前__3__天，为承包人入场施工创造条件。包括：腾清室内家具、陈设或将室内不易移动的家具、陈设归堆、遮盖，以不影响施工为原则； 4.2 提供施工期间的水源、电源； 4.3 负责协调施工队与邻里之间的关系； 4.4 不拆除室内承重结构，如需拆改原建筑的非承重结构或设备管线，负责到有关部门办理相应的审批手续； 4.5 施工期间发包人仍需部分使用该居室的，负责做好施工现场的保卫及消防等项工作； 4.6 参与工程质量和施工进度的监督，负责材料进场、装修验收。 第五条 承包人义务 5.1 施工中严格执行安全施工操作规范、防火规定、施工规范及质量标准，按期保质完成___ 甲方签章：　　　　　　　　　　　　乙方签章： 日期：2023年06月07日　　　　　　日期：2023年06月07日

图2-3-3　天津艾丝碧西餐饮管理公司合同

五、任务要求

共享中心"票据岗"员工按要求在智能财税"财天下"系统中采集单据并进行校验，"会计核算岗"员工进行业务制单，具体要求如下：

（1）"票据岗"员工采集"确认收入"相关单据影像信息，系统自动对单据进行识别分类；

（2）"票据岗"员工对自动识别的票据进行人工校验；

（3）"会计核算岗"员工手动修改自动生成的记账凭证。

六、任务设计

（一）任务形式

（1）学生在课堂上根据操作步骤独立完成；

（2）同桌同学互相审核校验的单据，并在评价表上进行评分；

（3）企业导师审核生成的记账凭证，并在评价表上进行评分；

（4）教师就学生对同桌的评价、学生训练态度进行评分。

（二）任务评价

本次任务采用同学评价、企业导师评价和教师评价相结合的形式，具体见表2-3-1。

表2-3-1 确认收入任务评价表

班级： 姓名： 学号：

评价项目	分值/分	评分/分	备注
采集并校验单据	40		同学评价
编制记账凭证	40		企业导师评价
给同学评价	10		教师评价
训练态度	10		教师评价
合计	100		

七、操作步骤

（一）"票据岗"员工采集"确认收入"单据影像

（1）在"财天下"系统中，单击"票据|票据采集"，打开"票据采集"选项卡，如图2-3-4所示。

图2-3-4 进入"票据采集"界面

（2）在"票据采集"选项卡界面，选择"会计期"为"2023-07"，单击右边"采集"向下的箭头，选择"教学平台图片/PDF"，如图2-3-5所示。

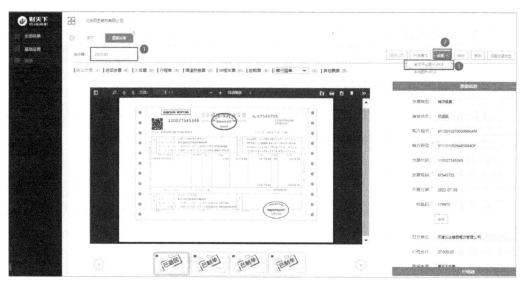

图2-3-5 采集教学平台图片

（3）在弹出的"发票详细信息"对话框中，选择本任务的单据，点击"确定"按钮，如图2-3-6所示。

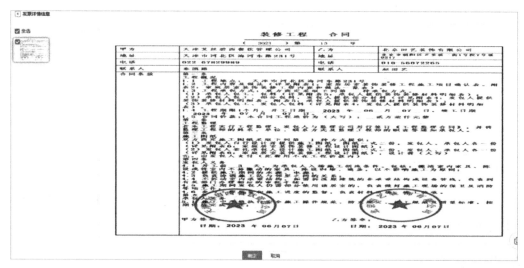

图2-3-6 选中"天津艾丝碧西餐饮管理公司装修合同"的单据

（4）系统弹出"共上传1条数据"对话框，对话框显示上传的"装修合同"自动分类到"其他票据"类别，点击"关闭"按钮，如图2-3-7所示。

（二）"票据岗"员工对自动识别的票据进行人工校验

（1）检查单据系统的自动分类是否正确。本任务中"装修合同"自动归类

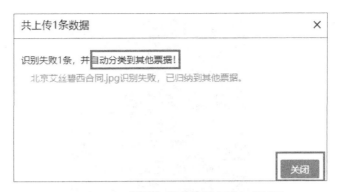

图2-3-7 "共上传1条数据"对话框

到"其他票据"，系统自动归类正确，无须调整。

（2）审核"装修合同"。点击"其他票据"选项卡，找到本题采集进来的"装修合同"（单据状态为"未审核"），点击右边"审核"按钮。此时，"装修合同"下方状态变成"已审核"，如图2-3-8所示。

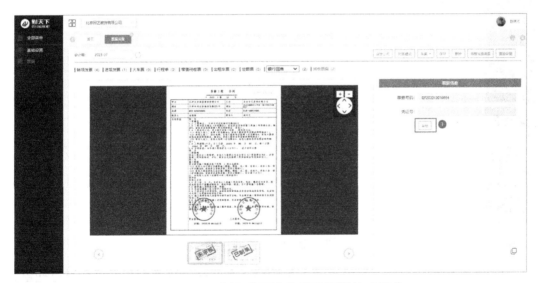

图2-3-8 审核"天津艾丝碧西装修合同"

（三）"会计核算岗"员工手动修改记账凭证

（1）找到已自动生成的记账凭证。进入"财天下"系统，点击"凭证|凭证管理"，进入"凭证管理"界面，如图2-3-9所示；选择凭证所在的期间，找到该笔发票对应的分录，点击蓝色的凭证号，即可看到该记账凭证，如图2-3-10所示。

注：本任务"确认对艾丝碧西的装修收入"对应"模块—任务— 开具增值税普通发票"，当"增值税普通发票"开具成功后，系统根据开具的"增值税普通发票"，会自动在"财天下"生成"记账凭证"。

图2-3-9 进入"凭证管理"界面

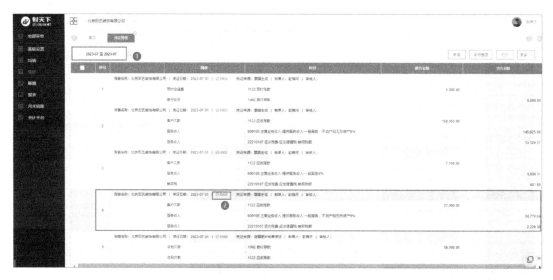

图2-3-10 凭证管理

注：系统自动生成的记账凭证不一定正确，需要会计核算岗员工手动进行检查和修改。

（2）手动修改记账凭证。检查系统自动生成的记账凭证，发现自动生成的记账凭证有2个地方需要修改：①凭证日期（2023-07-31 ➝ 2023-07-06）；②附件及附件张数（少了装修合同），如图2-3-11所示。

①日期直接修改；②点击"添加图片"，在弹出的"单据图片"对话框中确认上传起始日期无误后点击"查询"，如图2-3-12所示。

双击选中"装修合同"，附件张数变为"2"。此时，记账凭证修改完毕，点击"保存"，如图2-3-13所示。

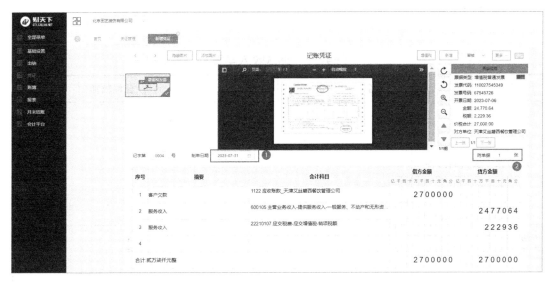

图2-3-11 自动生成的"确认收入"记账凭证

图2-3-12 单据图片

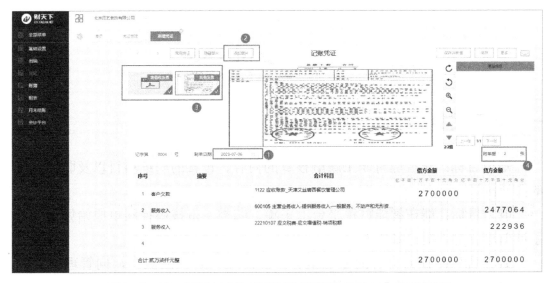

图2-3-13 "确认对艾丝碧西的装修服务收入"记账凭证

八、课程学案

任务三　确认收入学案

班级		姓名		上课时间		任课教师	
本节课主要实训内容							
课堂笔记及知识点							
反思							

任务四　支付工资

一、学习目标

知识目标：掌握应付职工薪酬核算的内容、设置的明细科目以及职工工资的会计核算。

能力目标：能在智能财税平台上采集、归类、审核银行回单原始凭证，能手动新增支付工资记账凭证。

素养目标：提高自身的专业素养，提高参与管理的能力，向管理会计转型；培养创新意识，提高创新能力。

二、知识准备

应付职工薪酬核算企业根据有关规定应付给职工的各种薪酬。本科目应当按照"工资""奖金""津贴""补贴""职工福利""社会保险费""住房公积金""工会经费""职工教育经费""解除职工劳动关系补偿""非货币性福利""其他与获得职工提供的服务相关的支出"等应付职工薪酬项目进行明细核算。

职工工资的会计核算如下。

①计提工资时，企业应当在职工为其提供服务的会计期间，将实际发生的职工工资、奖金、津贴和补贴等，根据受益对象将应确认的职工薪酬计入相关成本或费用中，同时确认应付职工薪酬。

借：生产成本（生产车间生产工人薪酬）

制造费用（生产车间管理人员薪酬）

管理费用（行政人员薪酬）

销售费用（销售人员薪酬）

研发支出（从事研发活动人员薪酬）

在建工程等（从事工程建设人员薪酬）

贷：应付职工薪酬——工资/奖金/津贴/补贴

②实际发放工资时，

借：应付职工薪酬——工资/奖金/津贴/补贴

贷：银行存款/库存现金等

拓展：财务人员的5个薪资等级，你在哪一级？（图2-4-1）

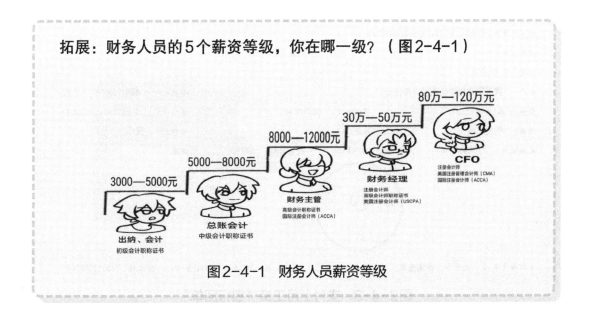

图2-4-1　财务人员薪资等级

三、任务情境

2023年7月10日，银行代发上月职工工资。请票据处理岗人员采集票据信息，请会计核算岗人员根据原始凭证生成记账凭证。支付上月工资情境如图2-4-2所示。

图2-4-2　支付上月工资情境图

四、任务资料

支付上月工资"银行回单"如图2-4-3所示。

图2-4-3　支付上月工资"银行回单"

五、任务要求

共享中心"票据岗"员工按要求在智能财税"财天下"系统中采集单据并进行校验，"会计核算岗"员工进行业务制单，具体要求如下：

（1）"票据岗"员工采集"支付工资"相关单据影像信息，系统自动对单据进行识别分类；

（2）"票据岗"员工对自动识别的票据进行人工校验；

（3）"会计核算岗"员工手动新增记账凭证。

六、任务设计

（一）任务形式

（1）学生在课堂上根据操作步骤独立完成；

（2）同桌同学互相审核校验的单据，并在评价表上进行评分；

（3）企业导师审核生成的记账凭证，并在评价表上进行评分；

（4）教师就学生对同桌的评价、学生训练态度进行评分。

（二）任务评价

本次任务采用同学评价、企业导师评价和教师评价相结合的形式，具体见表2-4-1。

表2-4-1 支付工资任务评价表

班级： 姓名： 学号：

评价项目	分值/分	评分/分	备注
采集并校验单据	40		同学评价
编制记账凭证	40		企业导师评价
给同学评价	10		教师评价
训练态度	10		教师评价
合计	100		

七、操作步骤

（一）"票据岗"员工采集"支付工资"单据影像

（1）在"财天下"系统中，单击"票据|票据采集"，打开"票据采集"选项卡，如图2-4-4所示。

图2-4-4　进入"票据采集"界面

（2）在"票据采集"选项卡界面，选择会计期为"2023年7月"，单击右边"采集"向下的箭头，选择"教学平台图片/PDF"，如图2-4-5所示。

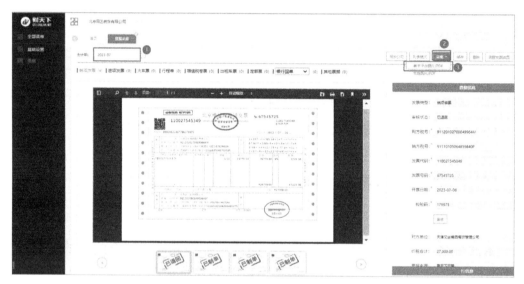

图2-4-5　采集教学平台图片

（3）在弹出的"发票详细信息"对话框中，选择本任务的单据，点击"确定"按钮，如图2-4-6所示。

（4）系统弹出"共上传1条数据"对话框，对话框显示上传的银行回单自动归类到"银行回单"类别，点击"关闭"按钮，如图2-4-7所示。

（二）"票据岗"员工对自动识别的票据进行人工校验

（1）检查单据系统的自动分类是否正确。本任务中"中国工商银行回单"自动归类到"银行回单"，系统自动归类正确，无须调整。

（2）审核"工商银行回单"。点击"银行回单"选项卡，找到本题采集进来的"中国工商银行回单"（单据状态为"未审核"）。核对右边的"票据信息"是否与左边的"银行回单"一致，如不一致，则需修改右边的"票据信息"，无误后，点击右下角的"审核"按钮。此时，回单下方状态变成"已审核"，如图2-4-8所示。

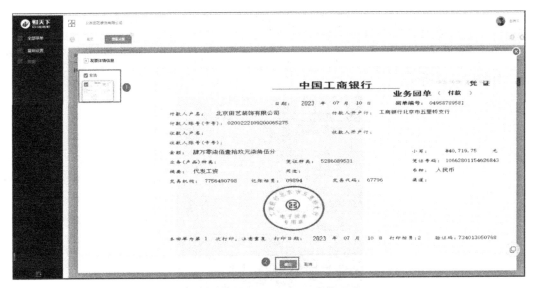

图2-4-6　选中"支付工资"的单据

图2-4-7　"共上传1条数据"对话框

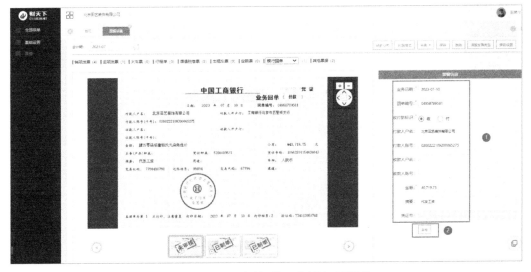

图2-4-8　审核"工商银行回单"

（三）"会计核算岗"员工手动编制记账凭证

（1）进入"财天下"系统，点击"凭证|新增凭证"，进入"新增凭证"界面，如图2-4-9所示。

图2-4-9 进入"新增凭证"界面

（2）修改制单日期为"2023-07-10"，点击右上角"单据图片"，如图2-4-10所示。在弹出的"单据图片"对话框中，选择发票类型"银行回单"，点击查询，如图2-4-11所示。

图2-4-10 点击添加附件

图2-4-11 选择单据图片

（3）双击选中"银行回单"附件，此时附件张数变为1。依次填写记账凭证"摘要""会计科目""金额"，检查无误后，点击右上角"保存"，如图2-4-12所示。

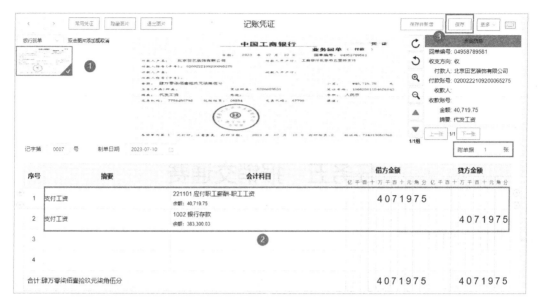

图2-4-12　新增支付工资记账凭证

八、课程学案

任务四　支付工资学案

班级		姓名		上课时间		任课教师	
本节课主要实训内容							
课堂笔记及知识点							

班级		姓名		上课时间		任课教师	
反思							

任务五　报销交通费

一、学习目标

知识目标：掌握市内交通费的核算范围、会计处理，能够区分市内交通费与差旅费。

能力目标：能在智能财税平台上采集、归类、审核费用报销单、出租车发票等原始凭证，能在系统手动新增报销交通费记账凭证。

素养目标：自觉遵守交通规则，注意交通安全；树立环境保护、节能减排和绿色能源转型意识。

二、知识准备

市内交通费（简称"交通费"）包括：①员工因业务需要，由公司安排在工作日加班至晚上9点后或法定假日发生的出租车费和公交车费可以报销。②员工因公务需要，在办公室所在城市，从公司到客户或其他业务往来单位发生的交通费。

注：员工在办公室所在城市以外出差期间发生的市内交通费，和办公室与机场之间往返的交通费属于差旅费报销项目，不在本规定规范范围内。

报销交通费的会计核算：

借：管理费用——办公费——交通费

　　贷：库存现金/银行存款

市内交通费和差旅费的区别：如表2-5-1所示。

表2-5-1　市内交通费和差旅费的区别

区别	市内交通费	差旅费
费用包含类别不同	车费、车辆通行费、停车费等	出差时所发生的车费、机票费、餐费、住宿费
范围不同	限制在市内	不限出差范围
入账标准不同	必须有车票才能入账	车费和住宿费必须提供发票；公司规定的补贴费用，不需要发票（比如餐费）

拓展：碳中和与能源转型

碳中和一般是指国家、企业、产品、活动或个人在一定时间内直接或间接产生的二氧化碳或温室气体排放总量，通过植树造林、节能减排等形式，以抵消自身产生的二氧化碳或温室气体排放量，实现正负抵消，达到相对"零排放"。

2020年9月22日，中国政府在第七十五届联合国大会上提出："中国将提高国家自主贡献力度，采取更加有力的政策和措施，二氧化碳排放力争于2030年前达到峰值，努力争取2060年前实现碳中和。"

党的二十大报告指出，推动绿色发展，促进人与自然和谐共生：一是加快发展方式绿色转型；二是深入推进环境污染防治；三是提升生态系统多样性、稳定性、持续性；四是积极稳妥推进碳达峰碳中和。

碳中和与"3060""双碳"目标如图2-5-1所示：

我们的工农生产、交通运输等，会产生温室气体，这些温室气体的总量，叫碳排放量。

温室气体主要成分：二氧化碳

同时，植物会吸收温室气体，植物吸收的温室气体总量，叫碳吸收量。

我排多少

我吸多少

想办法让碳排放=碳吸收，就叫碳中和。

"3060""双碳"目标

即2030年实现碳达峰，2060年实现碳中和

2021年—2030年：实现碳排放达峰

2031年—2045年：快速降低碳排放

2046年—2060年：深度脱碳，实现碳中和

二氧化碳的"生命期"很长，想要在2030年实现碳达峰，需要提早进行能源结构转型，因此，"十四五"时期对整个目标至关重要！

图2-5-1　碳中和与"3060"双碳目标图

三、任务情境

2023年7月11日，行政部员工李强报销交通费，出纳以现金支付。请票据处理岗人员采集票据信息，请会计核算岗人员根据原始凭证生成记账凭证。报销交通费情境如图2-5-2所示。

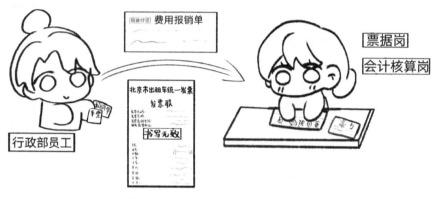

图2-5-2 报销交通费情境图

四、任务资料

报销交通费任务资料如图2-5-3、图2-5-4所示。

现金付讫　　费 用 报 销 单

报销部门：行政部　　2023 年 07 月 11 日填　　单据及附件共 2 页

用途	金额（元）	备注			
交通费	187.68				
		部门审核	李强	领导审批	赵田艺
合计	¥187.68				
金额大写：零 拾 零 万 零 仟 壹 佰 捌 拾 柒 元 陆 角 捌 分		原借款： 元		应退余款： 元	

会计主管 李煜　　会计 赵倩　　出纳 朱丹　　报销人 李强　　领款人 李强

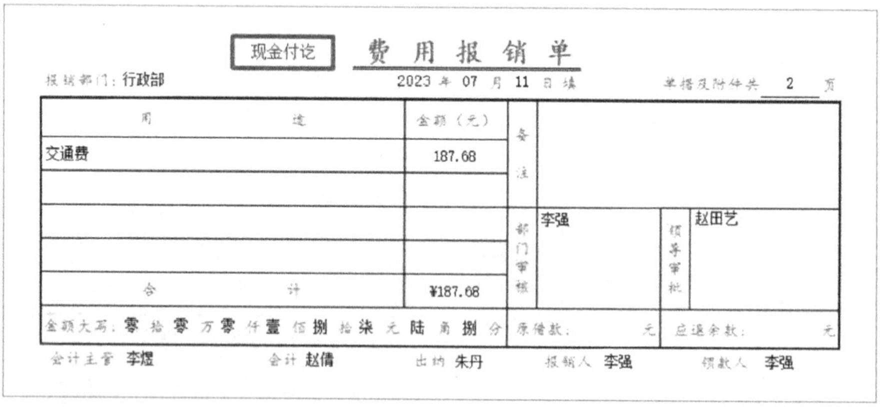

图2-5-3 交通费费用报销单

五、任务要求

共享中心“票据岗”员工按要求在智能财税“财天下”系统中采集单据并进行校验，“会计核算岗”员工进行业务制单，具体要求如下：

图2-5-4 出租车发票

（1）"票据岗"员工采集"报销交通费"相关单据影像信息，系统自动对单据进行识别分类；

（2）"票据岗"员工对自动识别的票据进行人工校验；

（3）"会计核算岗"员工手动新增记账凭证。

六、任务设计

（一）任务形式

（1）学生在课堂上根据操作步骤独立完成；

（2）同桌同学互相审核所校验的单据，并在评价表上进行评分；

（3）企业导师审核生成的记账凭证，并在评价表上进行评分；

（4）教师就学生对同桌的评价、学生训练态度进行评分。

（二）任务评价

本次任务采用同学评价、企业导师评价和教师评价相结合的形式，具体见表2-5-2。

表2-5-2 报销交通费任务评价表

班级：　　　　　姓名：　　　　　学号：

评价项目	分值/分	评分/分	备注
采集并校验单据	40		同学评价
编制记账凭证	40		企业导师评价
给同学评价	10		教师评价
训练态度	10		教师评价
合计	100		

七、操作步骤

（一）"票据岗"员工采集"报销交通费"单据影像

（1）在"财天下"系统中，单击"票据|票据采集"，打开"票据采集"选项卡，如图2-5-5所示。

图2-5-5 进入"票据采集"界面

（2）在"票据采集"选项卡界面，选择会计期为"2023-07"，单击右边"采集"向下的箭头，选择"教学平台图片/PDF"，如图2-5-6所示。

（3）在弹出的"发票详细信息"对话框中，选择本任务的3张单据，点击"确定"按钮，如图2-5-7所示。

（4）系统弹出"共上传3条数据"对话框，对话框显示上传的三张单据分别自动归类到"出租车票"和"其他发票"，点击"关闭"按钮，如图2-5-8所示。

（二）"票据岗"员工对自动识别的票据进行人工校验

（1）检查三张单据系统的自动分类是否正确。本任务中"出租车发票"自动归类到"出租车票"、"费用报销单"自动归类到"其他发票"，系统自动归类正确，无须调整。

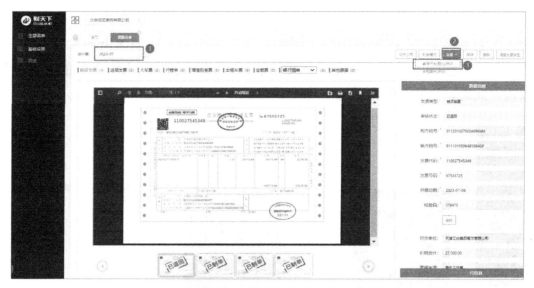

图2-5-6　采集教学平台图片

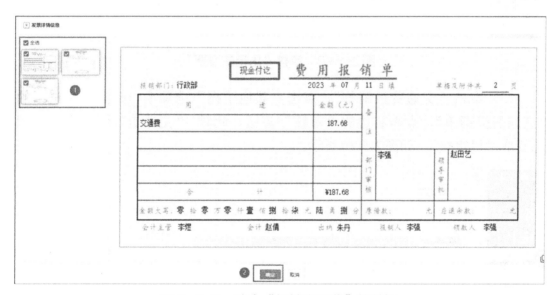

图2-5-7　选中"报销交通费"的单据

图2-5-8　"共上传3条数据"对话框

（2）审核"出租车发票"。点击"出租车票"选项卡，找到采集进来的两张"出租车发票"，核对右边的"票据信息"是否与左边的"出租车发票"一致，如不一致，则需修改右边的"票据信息"，无误后，点击右下角的"审核"按钮。此时，出租车发票下方状态变成"已审核"，如图2-5-9所示。

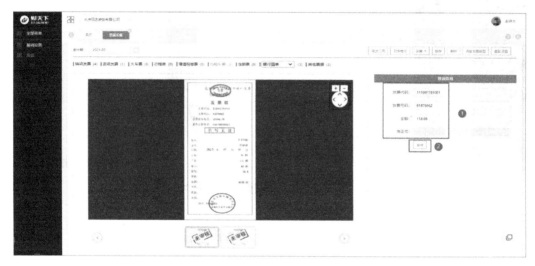

图2-5-9　审核"出租车发票"

（3）审核"交通费报销单"。点击"其他票据"选项卡，找到采集进来的"交通费报销单"，点击右边的"审核"按钮。此时，"交通费报销单"下方状态变成"已审核"，如图2-5-10所示。

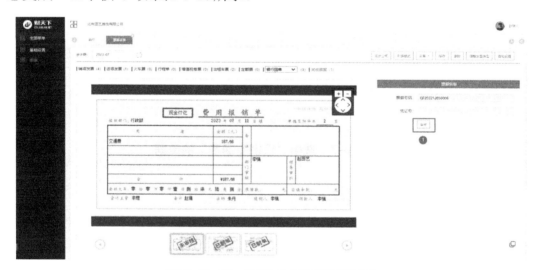

图2-5-10　审核"交通费报销单"

（三）"会计核算岗"员工手动编制记账凭证

（1）进入"财天下"系统，点击"凭证|新增凭证"，进入"新增凭证"界

面，如图2-5-11所示。

图2-5-11　进入"新增凭证"界面

（2）修改制单日期为"2023-07-11"，点击右上角"单据图片"，如图2-5-12所示。在弹出的"单据图片"对话框中，点击查询，如图2-5-13所示。

图2-5-12　点击添加附件

图2-5-13　单据图片

（3）双击选中"费用报销单"附件，此时附件张数变为1，如图2-5-14所示。点击左上角"其他发票"的下拉框，选择"出租车票"，双击选中两张出租车票，此时附件张数变成"3"，依次填写记账凭证"摘要""会计科目""金额"，检查无误后，点击右上角"保存"，如图2-5-15所示。

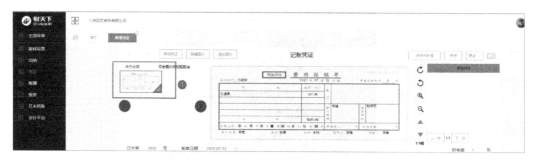

图2-5-14　选中"费用报销单"

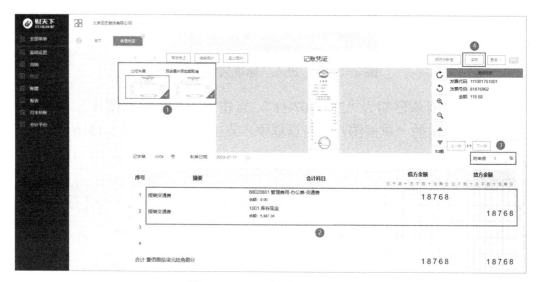

图2-5-15　新增记账凭证

八、课程学案

任务五　报销交通费学案

班级		姓名		上课时间		任课教师	
本节课主要实训内容							

续表

班级		姓名		上课时间		任课教师	
课堂笔记及知识点							
反思							

任务六 报销差旅费

一、学习目标

知识目标：掌握差旅费的核算范围、会计分录以及各类车票抵扣进项税额的情形。

能力目标：能在智能财税平台上采集、归类、审核费用报销单、火车票、银行回单等原始凭证，能利用系统费用报销单的功能合并生成记账凭证。

素养目标：能严守客观公正的会计职业道德，不伪造、变造票据。

二、知识准备

差旅费的核算范围包括交通费、住宿费、伙食补助费、通信费和杂费等。需要注意，这些费用必须合理，如果超出规定，企业不予报销。

差旅费的会计分录如表2-6-1所示。

表2-6-1 差旅费会计分录

时间	情形1：出差前有借款	情形2：出差前无借款
出差前借款时	借：其他应收款 　　贷：库存现金/银行存款	—
出差后报销差旅费时	借：管理费用/销售费用 　　应交税费——应交增值税（进项税额） 　　贷：其他应收款 　　　　库存现金/银行存款（差额） 　　（可借可贷）	借：管理费用/销售费用 　　应交税费——应交增值税（进项税额） 　　贷：库存现金/银行存款

　　出租车票、火车票、飞机行程单能否抵扣进项税额？一般来说，员工取得出租车上直接打印的长条票，未注明旅客身份信息，不可以抵扣进项税额。允许抵扣进项税额的国内旅客运输服务凭证，除增值税专用发票外，只限于增值税电子普通发票和注明旅客身份信息的航空运输电子客票行程单、铁路车票、公路、水路等其他客票（9%），不包括增值税普通发票。

　　票据的伪造指无权限人假冒出票人或虚构人名义进行签章和票据其他记载事项的行为；票据的变造指采用技术手段改变票据上已经记载事项的内容，或增加、减少票据记载事项的内容，从而达到变更票据权利义务关系的目的。

　　《中华人民共和国票据法》第十四条第一款规定，票据上的记载事项应当真实，不得伪造、变造。伪造、变造票据上的签章和其他记载事项的，应当承担法律责任。

三、任务情境

　　2023年7月11日，销售部员工付世红报销差旅费，出纳以银行转账支付。请票据处理岗人员采集票据信息（住宿费发票调至其他票据）；请会计核算岗人员根据原始凭证生成记账凭证。报销差旅费情境如图2-6-1所示。

四、任务资料

　　报销差旅费任务资料如图2-6-2～图2-6-5所示。

图2-6-1 报销差旅费情境图

| 银行付讫 | | | | | | | | 差 旅 费 报 销 单 | | | | | | | | | | |

差 旅 费 报 销 单

部门 销售部　　　　　　　　　2023 年 07 月 11 日

出差人	付世红							出差事由	洽谈合作					

出 发				到 达				交通 工具	交 通 费		出差补贴		其 他 费 用			附 件
月	日	时	地点	月	日	时	地点		单据张数	金额	天数	金额	项 目	单据张数	金额	
07	03	09:38	北京	07	03	14:58		火车	1	553.00			住 宿 费	1	3,347.50	
07	10	07:38	上海	07	10	13:12		火车	1	553.00			市 内 车 费			3
													邮 电 费			
													办公用品费			
													不买卧铺补贴			
													其 他			张
			合 计						2	¥1,106.00				1	¥3,347.50	
报销 总额	人民币 （大写）	肆仟肆佰伍拾叁元伍角整						预借 金额				补领金额		¥4,453.50	
												退还金额			

主管 朱丹　　　　　　审核 李煜　　　　　出纳 赵倩　　　　　　领款人 付世红

图2-6-2 差旅费报销单

图2-6-3 火车票

图2-6-4 住宿费发票

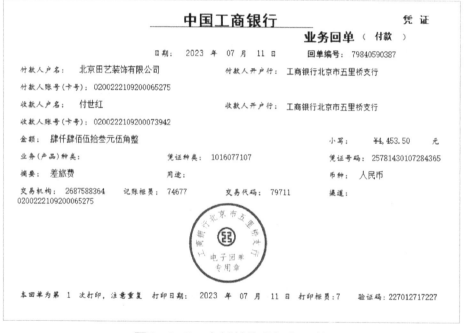

图2-6-5 支付差旅费银行回单

五、任务要求

共享中心"票据岗"员工按要求在智能财税"财天下"系统中采集单据并进行校验，"会计核算岗"员工进行业务制单，具体要求如下：

（1）"票据岗"员工采集"报销差旅费"相关单据影像信息，系统自动对单据进行识别分类；

（2）"票据岗"员工对自动识别的票据进行人工校验；

（3）"会计核算岗"员工通过"财天下"系统"费用报销单"的功能自动生成记账凭证。

六、任务设计

（一）任务形式

（1）学生在课堂上根据操作步骤独立完成；

（2）同桌同学互相审核所校验的单据，并在评价表上进行评分；

（3）企业导师审核生成的记账凭证，并在评价表上进行评分；

（4）教师就学生对同桌的评价、学生训练态度进行评分。

（二）任务评价

本次任务采用同学评价、企业导师评价和教师评价相结合的形式，具体见表2-6-2。

表2-6-2　报销差旅费任务评价表

班级：　　　　　　姓名：　　　　　　学号：

评价项目	分值/分	评分/分	备注
采集并校验单据	40		同学评价
生成记账凭证	40		企业导师评价
给同学评价	10		教师评价
训练态度	10		教师评价
合计	100		

七、操作步骤

（一）"票据岗"员工采集"报销差旅费"单据影像

（1）在"财天下"系统中，单击"票据|票据采集"，打开"票据采集"选项卡，如图2-6-6所示。

（2）在"票据采集"选项卡界面，选择会计期为"2023-07"，单击右边"采集"向下的箭头，选择"教学平台图片/PDF"，如图2-6-7所示。

图2-6-6　进入"票据采集"界面

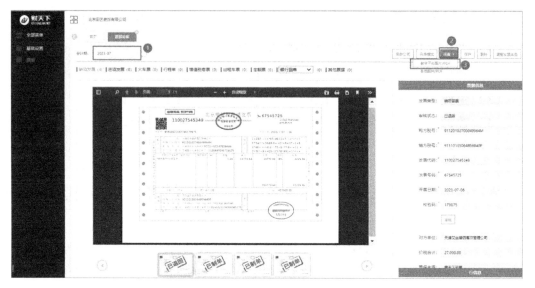

图2-6-7　采集教学平台图片

（3）在弹出的"发票详细信息"对话框中，选择本任务的5张单据，点击"确定"按钮，如图2-6-8所示。

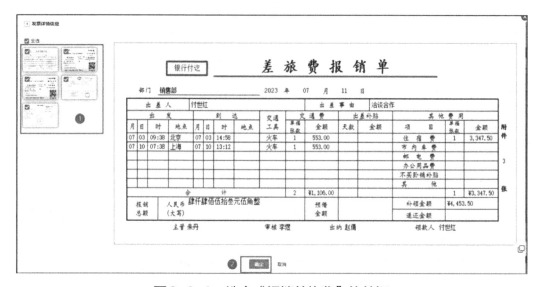

图2-6-8　选中"报销差旅费"的单据

（4）系统弹出"共上传5条数据"对话框，对话框显示上传的5张单据分别自动归类到"出租车票""火车票""进项发票"和"银行回单"，点击"关闭"按钮，如图2-6-9所示。

图2-6-9 "共上传5条数据"对话框

（二）"票据岗"员工对自动识别的票据进行人工校验

（1）检查5张单据系统的自动分类是否正确。

"出租车发票"自动归类到"出租车票"、"银行回单"自动归类到"银行回单"，归类正确，无须调整；

"差旅费报销单"自动归类到"出租车票"，归类错误，需要调整至"其他票据"：选中差旅费报销单，点击右上角"调整发票类型"，在弹出的"发票类型调整"对话框中选择调整发票类型为"其他票据"，点击保存，如图2-6-10所示。

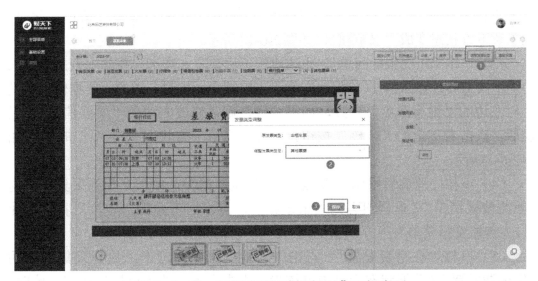

图2-6-10 调整"差旅费报销单"票据类型

"住宿费发票"自动归类到"进项发票"，需调整至"其他票据"：点击右上角"调整发票类型"，在弹出的"发票类型调整"对话框中，选择调整发票类型为"其他票据"，点击保存，如图2-6-11所示。

图2-6-11　调整"住宿费发票"票据类型

注："住宿费发票"如果放在"进项发票"，审核后就会自动生成一笔错误的记账凭证，因此将"住宿费发票"调整到"其他票据"，后续通过"财天下"系统"费用报销单"的功能自动生成记账凭证。

（2）审核"火车票"。点击"火车票"选项卡，找到采集进来的两张"火车票"，核对右边的"票据信息"是否与左边的"火车票"一致，如不一致，则需修改右边的"票据信息"，无误后，点击右下角的"审核"按钮。此时，火车票下方状态变成"已审核"，如图2-6-12所示。

（3）审核"工商银行回单"。点击"银行回单"选项卡，找到本题采集进来的"中国工商银行回单"（单据状态为"未审核"）。核对右边的"票据信息"是否与左边的"银行回单"一致，如不一致，则需修改右边的"票据信息"，无误后，点击右下角的"审核"按钮。此时，回单下方状态变成"已审核"，如图2-6-13所示。

（4）审核"差旅费报销单"。点击"其他票据"选项卡，找到采集进来的"差旅费报销单"（单据状态为"未审核"），点击右下角的"审核"按钮，此时，"差旅费报销单"下方状态变成"已审核"，如图2-6-14所示。

（5）审核"住宿费发票"。点击"其他票据"选项卡，找到采集进来的"住宿费发票"（单据状态为"未审核"），点击右下角的"审核"按钮，此时，

图2-6-12 审核"火车票"

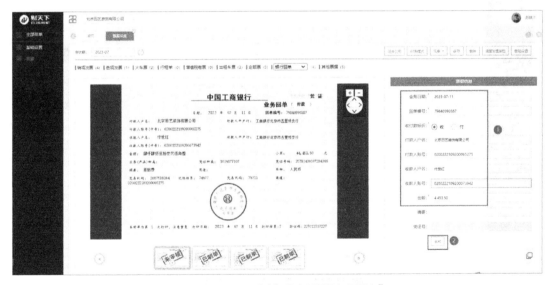

图2-6-13 审核"工商银行回单"

"住宿费发票"下方状态变成"已审核",如图2-6-15所示。

（三）"会计核算岗"员工通过"财天下"系统"费用报销单"的功能自动生成记账凭证

（1）进入"财天下"系统，点击"凭证|费用报销单"，进入"费用报销单"界面，如图2-6-16所示。

（2）修改制单日期为"2023-07"，填写"费用报销单"信息。

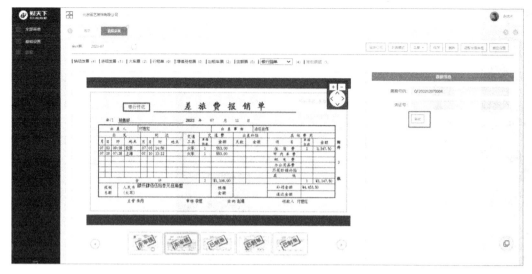

图2-6-14　审核"差旅费报销单"

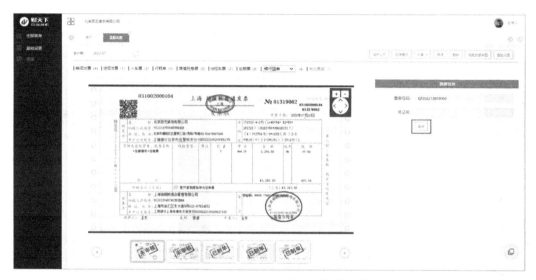

图2-6-15　审核"住宿费发票"

图2-6-16　进入"费用报销单"界面

第一行填写如下：选择"费用类型"为"国内航空铁路旅客运输"，选择发票类型为"火车票"，点击后面附件，在弹出的"单据图片"对话框中双击选择两张"火车票"，点击保存，此时，系统会自动根据两张火车票算出价税合计、金额、税额；

第二行填写如下：选择"费用类型"为"差旅费"，填写价税合计金额为住宿费金额：3347.50，选择发票类型为"其他票据"，点击后面附件，在弹出的"单据图片"对话框中双击选择两张"住宿费发票"和"差旅费报销单"，将两行的结算方式修改为"银行收支"。

点击两行前面的"√"，点击右上角的"合并生成凭证"，如图2-6-17所示。

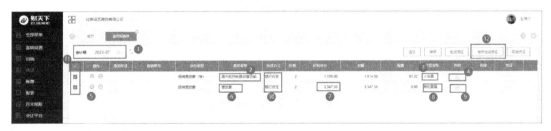

图2-6-17　报销差旅费"费用报销单"界面填写

（3）修改完善系统自动合并生成的记账凭证。点击"费用报销单"右边的"记账凭证号"（蓝色字体），打开记账凭证，如图2-6-18所示。

图2-6-18　打开合并生成的记账凭证

修改制单日期为"2023-07-11"，点击上方"添加图片"，双击选中银行回单，此时附件张数变为5；出差人员为"销售部员工"，系统自动生成的为"管理费用-差旅费"，此时需要改为"销售费用-差旅费"，点击"保存"，如图2-6-19所示。

注：①报销差旅费如果手动新增记账凭证，计算复杂且容易算错，因此通过"费用报销单"制单，利用系统预置的费用类型，简化计算过程，降低出错的概率。

②自动生成的分录别忘了进去检查修改。

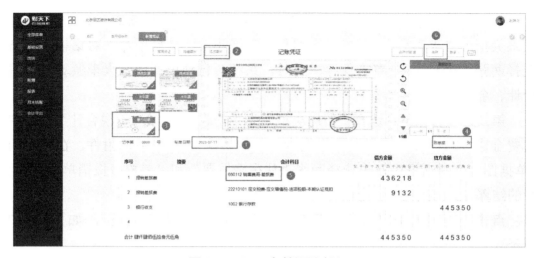

图2-6-19 完善记账凭证

八、课程学案

任务六 报销差旅费学案

班级		姓名		上课时间		任课教师	
本节课主要实训内容							
课堂笔记及知识点							
反思							

任务七　缴纳上月税费

一、学习目标

知识目标：掌握应交税费核算的内容，一般纳税人缴纳增值税、城建税及附加税、个人所得税的会计核算。

能力目标：能在智能财税平台上采集、归类、审核银行回单原始凭证，能手动新增缴纳税款记账凭证。

素养目标：依法纳税是每个公民应尽的义务，培养学生依法纳税意识，严守诚实守信的会计职业道德。

二、知识准备

应交税费包括企业依法交纳的增值税、消费税、企业所得税、资源税、土地增值税、城市维护建设税、房产税、土地使用税、车船税、教育费附加、矿产资源补偿费等税费，以及在上缴国家之前，由企业代收代缴的个人所得税等。

一般纳税人缴纳增值税、城建税及附加税会计分录如下。

借：应交税费——应交增值税

　　应交税费——应交城市维护建设税

　　应交税费——应交教育费附加

　　应交税费——应交地方教育附加

　　贷：银行存款

代缴个人所得税会计分录如下。

借：应交税费——应交个人所得税

　　贷：银行存款

［偷税漏税明星案例］　2021年12月，杭州市税务局稽查发布通告，通过税收大数据分析，发现网络主播黄薇（薇娅）在2019—2020年期间偷逃税款6.43亿元，少缴其他税款0.6亿元，主要通过隐匿个人收入、虚构业务转换收入性质、虚假申报偷逃和少缴税款的方式，最后有关部门对黄薇依法作出处罚决定，追缴税款、加收滞纳金并处罚款共计13.41亿元。

三、任务情境

2023年7月15日，银行代缴6月增值税及其附加税、个人所得税。请票据处理岗人员采集票据信息；请会计核算岗人员根据原始凭证生成记账凭证。缴纳上月税费情境如图2-7-1所示。

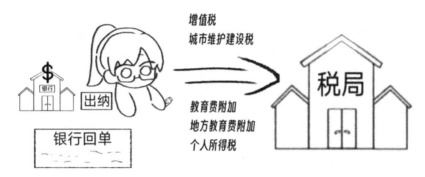

图2-7-1 缴纳上月税费情境图

四、任务资料

缴纳上月税费任务资料如图2-7-2、图2-7-3所示。

中国工商银行

电子缴税付款凭证

缴税日期：2023 年 07 月 15 日　　　　凭证字号：20100010

纳税人全称及纳税人识别号：北京田艺装饰有限公司	91110105064859840P

付款人全称：北京田艺装饰有限公司

付款人账号：0200222109200065275	征收机关名称：国家税务总局北京市朝阳区税务局
付款人开户行：工商银行北京市五里桥支行	收款国库（银行）名称：国家金库北京市朝阳区支库
小写（合计）金额：　¥9,985.81　元	缴款书交易流水号：28419599
大写（合计）金额：玖仟玖佰捌拾伍元捌角壹分	税票号码：862116052845280837

税（费）种名称	所属日期	实缴金额（单位：元）
增值税	2023.06.01 － 2023.06.30	¥8,915.90
城市维护建设税	2023.06.01 － 2023.06.30	¥624.11
教育费附加	2023.06.01 － 2023.06.30	¥267.48
地方教育费附加	2023.06.01 － 2023.06.30	¥178.32

第 1 次打印　　　　　　　　　　　　　打印时间：2023 年 07 月 15 日

客户回单联　　验证码：381687　　复核：23　　记账：44

图2-7-2 支付上月增值税及附加税银行回单

中国工商银行

电子缴税付款凭证

缴税日期: 2023 年 07 月 15 日 　　　　凭证字号: 20100011

| 纳税人名称及纳税人识别号: 北京田艺装饰有限公司 | 91110105064859840P |

付款人名称: 北京田艺装饰有限公司

付款人账号: 0200222109200065275 　　　征收机关名称: 国家税务总局北京市朝阳区税务局

付款人开户行: 工商银行北京市五里桥支行 　　收款国库(银行)名称: 国家金库北京市朝阳区支库

小写(合计)金额: ¥125.25 元 　　　　　缴款书交易流水号: 06507890

大写(合计)金额: 壹佰贰拾伍元贰角伍分 　　　税票号码: 489270611390152866

税(费)种名称	所属日期	实缴金额(单位:元)
个人所得税	2023.06.01 - 2023.06.30	¥125.25

第 1 次打印 　　　　　　　　　　　　　　　　打印时间: 2023 年 07 月 15 日

客户回单联 　　　验证码: 546311 　　　复核: 23 　　　记账: 44

图2-7-3　支付上月个人所得税银行回单

五、任务要求

共享中心"票据岗"员工按要求在智能财税"财天下"系统中采集单据并进行校验,"会计核算岗"员工进行业务制单,具体要求如下:

(1)"票据岗"员工采集"缴纳上月税费"相关单据影像信息,系统自动对单据进行识别分类;

(2)"票据岗"员工对自动识别的票据进行人工校验;

(3)"会计核算岗"员工手动新增记账凭证。

六、任务设计

(一)任务形式

(1)学生在课堂上根据操作步骤独立完成;

(2)同桌同学互相审核所校验的单据,并在评价表上进行评分;

(3)企业导师审核生成的记账凭证,并在评价表上进行评分;

(4)教师就学生对同桌的评价、学生训练态度进行评分。

（二）任务评价

本次任务采用同学评价、企业导师评价和教师评价相结合的形式，具体见表2-7-1。

表2-7-1　缴纳上月税费任务评价表

班级：　　　　　　姓名：　　　　　　学号：

评价项目	分值/分	评分/分	备注
采集并校验单据	40		同学评价
编制记账凭证	40		企业导师评价
给同学评价	10		教师评价
训练态度	10		教师评价
合计	100		

七、操作步骤

（一）"票据岗"员工采集"缴纳上月税费"单据影像

（1）在"财天下"系统中，单击"票据|票据采集"，打开"票据采集"选项卡，如图2-7-4所示。

图2-7-4　进入"票据采集"界面

（2）在"票据采集"选项卡界面，选择"会计期"为"2023-07"，单击右边"采集"向下的箭头，选择"教学平台图片/PDF"，如图2-7-5所示。

（3）在弹出的"发票详细信息"对话框中，选择本任务的单据，点击"确定"按钮，如图2-7-6所示。

（4）系统弹出"共上传2条数据"对话框，对话框显示上传的银行回单自动归类到"银行回单"类别，点击"关闭"按钮，如图2-7-7所示。

（二）"票据岗"员工对自动识别的票据进行人工校验

（1）检查单据系统的自动分类是否正确。本任务中"中国工商银行回单"

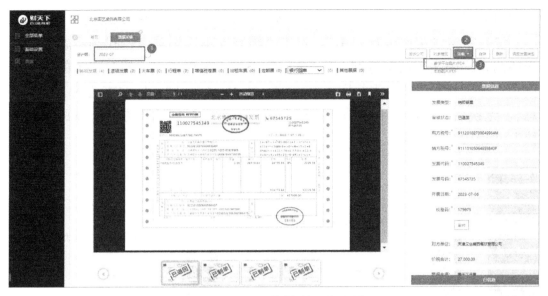

图2-7-5 采集教学平台图片

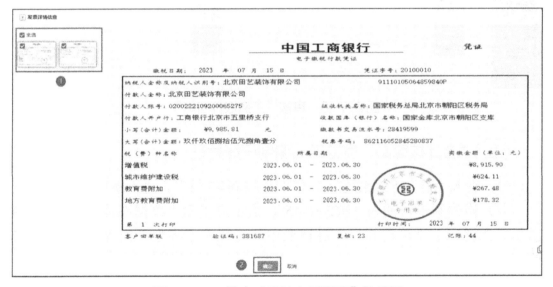

图2-7-6 选中"缴纳上月税费"的单据

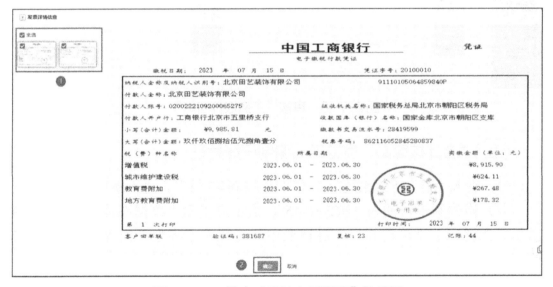

图2-7-7 "共上传2条数据"对话框

自动归类到"银行回单"，系统自动归类正确，无须调整。

（2）审核"工商银行回单"。点击"银行回单"选项卡，找到本题采集进来的两张"中国工商银行回单"（单据状态为"未审核"）。核对右边的"票据信息"是否与左边的"银行回单"一致，如不一致，则需修改右边的"票据信息"，无误后，点击右下角的"审核"按钮。此时，回单下方状态变成"已审核"，如图2-7-8所示。

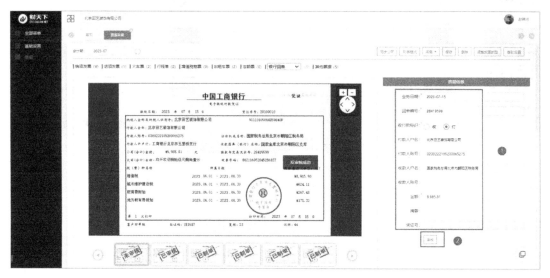

图2-7-8　审核"工商银行回单"

（三）"会计核算岗"员工手动编制记账凭证

（1）进入"财天下"系统，点击"凭证|新增凭证"，进入新增凭证界面。

（2）修改制单日期为"2023-07-15"，点击右上角"单据图片"，如图2-7-9所示。在弹出的"单据图片"对话框中，选择发票类型"银行回单"，点击查询。

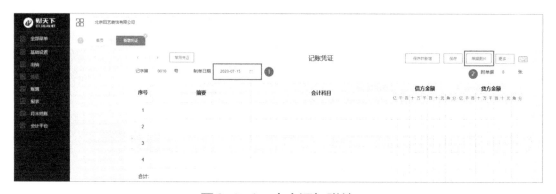

图2-7-9　点击添加附件

（3）双击选中两张"银行回单"附件，此时附件张数变为2。依次填写记账凭证"摘要""会计科目""金额"，检查无误后，点击右上角"保存"，如图2-7-10所示。

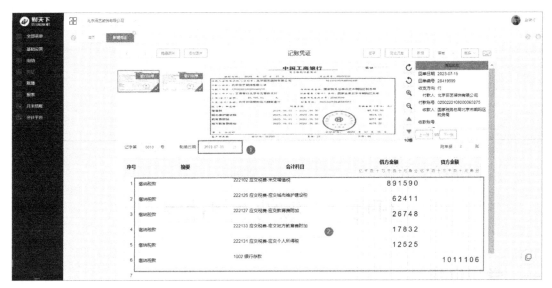

图2-7-10　新增缴纳税款记账凭证

八、课程学案

任务七　缴纳上月税费学案

班级		姓名		上课时间		任课教师	
本节课主要实训内容							
课堂笔记及知识点							

续表

班级		姓名		上课时间		任课教师	
反思							

任务八　缴纳上月社保

一、学习目标

知识目标：掌握社保的内容、缴费比例及会计分录。

能力目标：能在智能财税平台上采集、归类、审核银行回单等原始凭证，能手动新增缴纳社保记账凭证。

素养目标：了解电子社保卡的用途和功能，了解"互联网+"的应用场景，培养创新精神。

二、知识准备

社保是指各类社会保险，社会保险的主要项目包括养老保险、医疗保险、失业保险、工伤保险、生育保险。

社保分单位缴纳部分和个人缴纳部分，个人部分一般由公司代扣代缴。具体社保费缴费比例分别为：

养老保险，单位和个人分别缴纳20%、8%；

医疗保险，单位和个人分别缴纳12%、2%；

失业保险，单位和个人分别缴纳2%、1%；

生育保险单位缴纳0.60%，个人不缴；

工伤保险单位缴纳2%，个人不缴。

缴纳社保会计分录如下。

借：应付职工薪酬——社会保险费——养老保险（单位部分）

　　应付职工薪酬——社会保险费——医疗保险（单位部分）

　　应付职工薪酬——社会保险费——失业保险（单位部分）

　　应付职工薪酬——社会保险费——工伤保险（单位部分）

　　应付职工薪酬——社会保险费——生育保险（单位部分）

　　其他应付款——代扣代缴个人社保（个人部分）

贷：银行存款

拓展：电子社保卡的用途和功能

电子社保卡的用途和功能非常强大！与实体社保卡一样，按照人社部的统筹规划，电子社保卡根据城市开通情况，未来具有身份凭证、信息记录、自助查询、支付结算、缴费及待遇领取、金融支付等功能（图2-8-1）。主要的应用领域有社会保险参保缴费、待遇发放和领取、支付结算、个人社保权益记录等查询和打印等。实体社保卡现有的102项服务，将来都可以通过电子社保卡实现线上办理。

图2-8-1　电子社保卡的用途和功能

三、任务情境

2023年7月18日，银行代缴6月社会保险费。请票据处理岗人员采集票据信息；请会计核算岗人员根据原始凭证生成记账凭证。缴纳社保情境如图2-8-2所示。

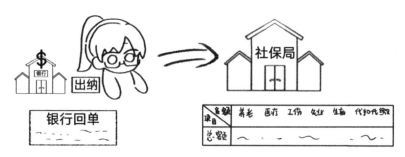

图2-8-2 缴纳社保情境

四、任务资料

缴纳社保任务资料如图2-8-3所示。

中国工商银行 凭 证

业务回单（付款）

日 期：2023 年 07 月 18 日　　回单编号：20552374300

付款人户名：北京田艺装饰有限公司　　付款人开户行：工商银行北京市五里桥支行

付款人账号（卡号）：0200222109200065275

收款人户名：北京市朝阳区社会保险基金管理中心　　收款人开户行：

收款人账号（卡号）：

金额：壹万玖仟玖佰伍拾元整　　　　　　小写：¥19,950.00 元

业务（产品）种类：　　　凭证种类：1550639013　　凭证号码：20784550823348403

摘要：缴纳社保　　　　　用途：　　　　　　　　　币种：人民币

交易机构：7758666666　记账柜员：35499　　交易代码：20433　　渠道：

附言：社保登记证号：91110105064859840P；组织机构代码：91110105五险+月报缴费年月：2019年6月（医疗信息）统筹基金：5250.00；个人缴纳：1050.00公务医疗单位补充：0.00；（四险信息）险种一养老：8400.00个人缴纳4200.00；险种二失业：420.00个人缴纳：105.00；险种三工伤：105.00；险种四生育：420.00；机关事业养老：0.00；职业年金：0.00

本回单为第 1 次打印，注意重复　打印日期：2023 年 07 月 18 日　打印柜员：7　验证码：834230558455

图2-8-3 缴纳社保银行回单

五、任务要求

共享中心"票据岗"员工按要求在智能财税"财天下"系统中采集单据并进行校验，"会计核算岗"员工进行业务制单，具体要求如下：

（1）"票据岗"员工采集"缴纳社保"相关单据影像信息，系统自动对单据进行识别分类；

（2）"票据岗"员工对自动识别的票据进行人工校验；

（3）"会计核算岗"员工手动新增记账凭证。

六、任务设计

（一）任务形式

（1）学生在课堂上根据操作步骤独立完成；

（2）同桌同学互相审核所校验的单据，并在评价表上进行评分；

（3）企业导师审核生成的记账凭证，并在评价表上进行评分；

（4）教师就学生对同桌的评价、学生训练态度进行评分。

（二）任务评价

本次任务采用同学评价、企业导师评价和教师评价相结合的形式，具体见表2-8-1。

表2-8-1 缴纳上月社保任务评价表

班级：　　　　　姓名：　　　　　学号：

评价项目	分值/分	评分/分	备注
采集并校验单据	40		同学评价
编制记账凭证	40		企业导师评价
给同学评价	10		教师评价
训练态度	10		教师评价
合计	100		

七、操作步骤

（一）"票据岗"员工采集"缴纳社保"单据影像

（1）在"财天下"系统中，单击"票据|票据采集"，打开"票据采集"选项卡，如图2-8-4所示。

图2-8-4 进入"票据采集"界面

（2）在"票据采集"选项卡界面，选择"会计期"为"2023-07"，单击右边"采集"向下的箭头，选择"教学平台图片/PDF"，如图2-8-5所示。

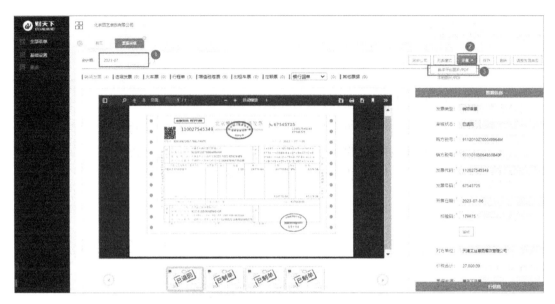

图2-8-5 采集教学平台图片

（3）在弹出的"发票详情信息"对话框中，选择本任务的单据，点击"确定"按钮，如图2-8-6所示。

图2-8-6 选中"缴纳社保"的单据

（4）系统弹出"共上传1条数据"对话框，对话框显示上传的银行回单自动归类到"银行回单"类别，点击"关闭"按钮。

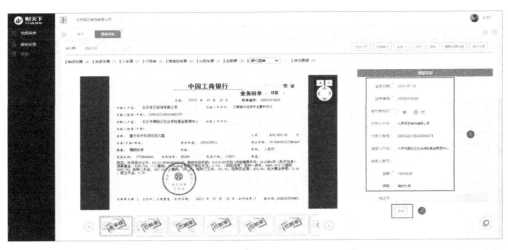

图2-8-7　审核"工商银行回单"

（二）"票据岗"员工对自动识别的票据进行人工校验

（1）检查单据系统的自动分类是否正确。本任务中"中国工商银行回单"自动归类到"银行回单"，系统自动归类正确，无须调整。

（2）审核"工商银行回单"。点击"银行回单"选项卡，找到本题采集进来的"中国工商银行回单"（单据状态为"未审核"）。核对右边的"票据信息"是否与左边的"银行回单"一致，如不一致，则需修改右边的"票据信息"，无误后，点击右下角的"审核"按钮。此时，回单下方状态变成"已审核"，如图2-8-7所示。

（三）"会计核算岗"员工手动编制记账凭证

（1）进入"财天下"系统，点击"凭证|新增凭证"，进入新增凭证界面。

（2）修改制单日期为"2023-07-18"，点击右上角"单据图片"，如图2-8-8所示。在弹出的"单据图片"对话框中，选择发票类型"银行回单"，点击查询。

图2-8-8　点击添加附件

（3）双击选中"银行回单"附件，此时附件张数变为1。依次填写记账凭证"摘要""会计科目""金额"，检查无误后，点击右上角"保存"，如图2-8-9所示。

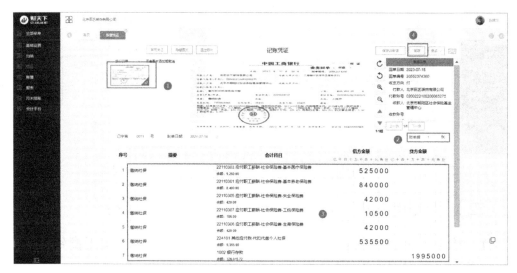

图2-8-9　新增缴纳社保记账凭证

注：代扣代缴个人上月社保＝医疗＋养老＋失业＝1050＋4200＋105＝5355（元）。

八、课程学案

任务八　缴纳上月社保学案

班级		姓名		上课时间		任课教师	
本节课主要实训内容							
课堂笔记及知识点							

续表

班级		姓名		上课时间		任课教师	
反思							

任务九　购进固定资产

一、学习目标

知识目标：掌握固定资产的概念、固定资产购进的会计核算，掌握车辆购置税的处理。

能力目标：能在智能财税平台上采集、归类、审核固定资产验收单、机动车销售统一发票、车辆购置税完税凭证、银行回单等原始凭证，能手动新增购进固定资产记账凭证。

素养目标：能严守廉洁自律的会计职业道德。

二、知识准备

固定资产是指同时具有下列特征的有形资产：①为生产商品、提供劳务、出租或经营管理而持有的；②使用寿命超过一个会计年度。

固定资产购置是指从固定资产购买或建造开始，直到固定资产交付使用为止的全过程。

固定资产购进业务的核算如下。

（1）购进需安装固定资产（图2-9-1）

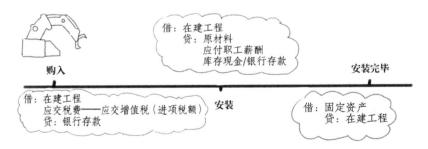

图2-9-1　购进需安装固定资产

（2）购进不需安装固定资产（图2-9-2）

图2-9-2　购进不需安装固定资产

注：车辆购置税进成本

车辆的入账价值＝买价＋车辆购进税

三、任务情境

2023年7月23日，公司购进一辆面包车价税合计67800.00元，同时支付车辆购置税6000.00元，该面包车本月已使用。请票据处理岗人员采集票据信息；请会计核算岗人员根据原始凭证生成记账凭证。购进固定资产情境如图2-9-3所示。

图2-9-3　购进固定资产情境图

四、任务资料

购进固定资产任务资料如图2-9-4～图2-9-7所示。

五、任务要求

共享中心"票据岗"员工按要求在智能财税"财天下"系统中采集单据并

固定资产验收单

2023 年 07 月 23 日　　　　　编号：000001

名称	规格型号	来源	数量	购（造）价	使用年限	预计残值
面包车	S-L2B	外购	1	66,000.00	4	0.00
安装费	月折旧率	建造单位		交工日期		附件
	0.020833	北京福田汽车生产股份有限公司		2023年07月23日		3
验收部门	工程部	验收人员	李彩炫	管理部门	工程部	管理人员	李彩炫
备注						

审核：李煜　　　　制单：朱丹

图2-9-4　固定资产验收单

图2-9-5　机动车销售统一发票

车辆购置税完税证明（电子版）

编号：915101890519069378 47285

厂牌型号：福田风景/S-L2B

车辆识别代号：LPV2A2354765

纳税类型：征税车辆

征收机关名称：国家税务总局北京沙河分局

图2-9-6　车辆购置税完税凭证

中国工商银行　　　　　　　　　　凭 证

业务回单（ 付款 ）

日期：　2023　年　07　月　23　日　　　回单编号：31547012362

付款人户名：　北京田艺装饰有限公司　　　　　付款人开户行：工商银行北京市五里桥支行

付款人账号(卡号)：0200222109200065275

收款人户名：　北京福田汽车生产股份有限公司　　收款人开户行：建设银行北京市沙河支行

收款人账号(卡号)：11060110228400005674

金额：　柒万叁仟捌佰元整　　　　　　　　　　小写：　¥73,800.00　　元

业务(产品)种类：　　　　凭证种类：　8834901819　　凭证号码：　46251123935831434

摘要：　面包车　　　　用途：　　　　　　　　币种：　人民币

交易机构：　3129524975　记账柜员：　36473　　交易代码：　94285　　渠道：
0200222109200065275

本回单为第　1　次打印，注意重复　打印日期：　2023　年　07　月　23　日　打印柜员:4　　验证码：371226488445

图2-9-7　支付买车款银行回单

进行校验，"会计核算岗"员工进行业务制单，具体要求如下：

（1）"票据岗"员工采集"购进固定资产"相关单据影像信息，系统自动对单据进行识别分类；

（2）"票据岗"员工对自动识别的票据进行人工校验；

（3）"会计核算岗"员工手动新增记账凭证。

六、任务设计

（一）任务形式

（1）学生在课堂上根据操作步骤独立完成；

（2）同桌同学互相审核所校验的单据，并在评价表上进行评分；

（3）企业导师审核生成的记账凭证，并在评价表上进行评分；

（4）教师就学生对同桌的评价、学生训练态度进行评分。

（二）任务评价

本次任务采用同学评价、企业导师评价和教师评价相结合的形式，具体见表2-9-1。

表2-9-1 购进固定资产任务评价表

班级： 姓名： 学号：

评价项目	分值/分	评分/分	备注
采集并校验单据	40		同学评价
编制记账凭证	40		企业导师评价
给同学评价	10		教师评价
训练态度	10		教师评价
合计	100		

七、操作步骤

（一）"票据岗"员工采集"购进固定资产"单据影像

（1）在"财天下"系统中，单击"票据|票据采集"，打开"票据采集"选项卡，如图2-9-8所示。

图2-9-8 进入"票据采集"界面

（2）在"票据采集"选项卡界面，选择"会计期"为"2023-07"，单击右边"采集"向下的箭头，选择"教学平台图片/PDF"，如图2-9-9所示。

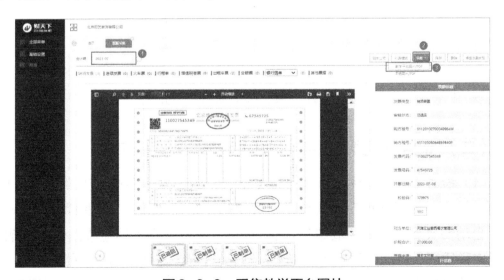

图2-9-9 采集教学平台图片

（3）在弹出的"发票详细信息"对话框中，选择本任务的4张单据，点击"确定"按钮，如图2-9-10所示。

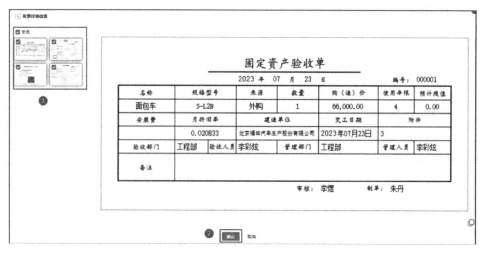

图2-9-10　选中"购进固定资产"的单据

（4）系统弹出"共上传4条数据"对话框，对话框显示上传的4张单据分别自动归类到"行程单""增值税卷票""火车票""银行回单"，点击"关闭"按钮，如图2-9-11所示。

图2-9-11　"共上传4条数据"对话框

（二）"票据岗"员工对自动识别的票据进行人工校验

（1）检查4张单据系统的自动分类是否正确。本任务中"工商银行回单"自动归类到"银行回单"系统自动归类正确，无须调整；"机动车销售统一发票"自动归类到"增值税卷票"，归类有误，需调整到"其他票据"；"车辆购置税完税凭证"自动归类到"火车票"，归类有误，需调整到"其他票据"；"固定资产验收单"自动归类到"行程单"，归类有误，需调整到"其他票据"。点击右上角"调整发票类型",在弹出的"发票类型调整"对话框中选择正确的票据类型,点击"保存"。

（2）审核"工商银行回单"。点击"银行回单"选项卡,找到采集进来的"中国工商银行回单",核对右边的"票据信息"是否与左边的"银行回单"一致,如不一致,则需修改右边的"票据信息",无误后,点击右下角的"审核"按钮。此时,回单下方状态变成"已审核",如图2-9-12所示。

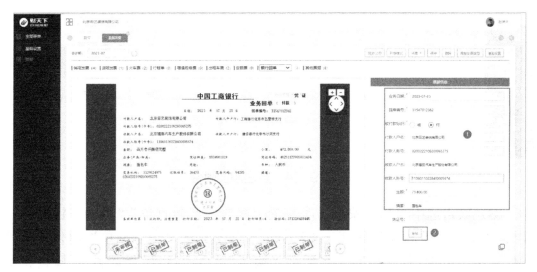

图2-9-12　审核"工商银行回单"

（3）审核"固定资产验收单""机动车销售统一发票""车辆购置税完税凭证"。点击"其他票据"选项卡,找到采集进来的相应单据,点击右下角的"审核"按钮,如图2-9-13所示。

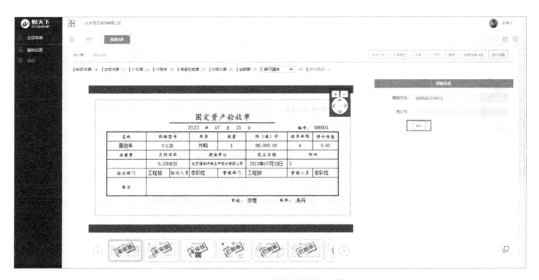

图2-9-13　审核其他票据

（三）"会计核算岗"员工手动编制记账凭证

（1）进入"财天下"系统，点击"凭证|新增凭证"，进入新增凭证界面。

（2）修改制单日期为"2023-07-23"，点击右上角"单据图片"，如图2-9-14所示。在弹出的"单据图片"对话框中，选择发票类型"银行回单"，点击查询。

图2-9-14 点击添加附件

（3）双击选中"其他票据"类别的"固定资产验收单""机动车销售统一发票""车辆购置税完税凭证"，"银行回单"类别的"银行回单"附件，此时附件张数变为4。依次填写记账凭证"摘要""会计科目""金额"，检查无误后，点击右上角"保存"，如图2-9-15所示。

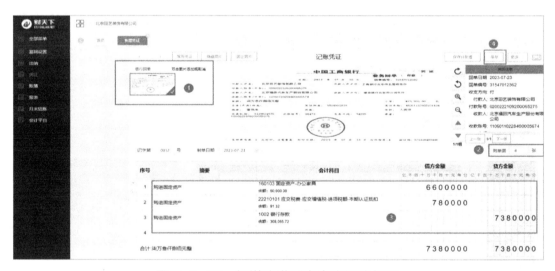

图2-9-15 新增购进固定资产记账凭证

注：面包车入账价值＝买价＋车辆购进税＝60000+6000=66000（元）

八、课程学案

任务九 购进固定资产学案

班级		姓名		上课时间		任课教师	
本节课主要实训内容							
课堂笔记及知识点							
反思							

任务十 报销办公费

一、学习目标

知识目标：掌握办公费的核算内容、报销办公费的会计处理，了解办公费的报销要求。

能力目标：能在智能财税平台上采集、归类、审核办公费发票、费用报销单等原始凭证，能修改系统自动生成的报销办公费记账凭证。

素养目标：重视财务规范管理，培养防范涉税风险意识。

二、知识准备

"办公费"主要是购买不符合固定资产确认标准的日常办公用品、书报杂志等支出，具体包括办公用品、文化用品、报刊订阅费、名片、刻章、冲印、饮用水等。

报销办公费的会计核算如下。

借：管理费用——办公费——办公费用

　　贷：库存现金/银行存款

办公费报销要求：报销办公费时，如发票上没有明确列明支出事项，还需提供销售方出具的明细清单（如电脑小票等），手工填开的明细清单需加盖销售单位公章。

> **拓展：员工垫资采购再找公司报销，被税局要求整改**
>
> 深圳某创业公司被税局要求整改。原因是公司采购办公用品时由个人使用自己的账户付款，然后再找公司报销的做法在稽查时被认为不合规，要求企业及时进行整改。
>
> 处罚原文：在检查中，稽查人员发现该公司有向个人账户转款打钱的情形，询问后得知因为企业规模较小，所以在办公用品采购时由个人使用私人账户购买，然后由个人报销，公司再将款项支付给个人，经过对银行资料对比证明了企业上述说法属实，但该做法既不合规，也带来了涉税风险，稽查人员已要求企业及时整改。
>
> 税务部门提醒，深圳市目前很多孵化器类型的企业，因为业务尚处于研发阶段，日常账务管理比较混乱，甚至出现用员工个人账户来购买公司办公用品等情况。虽然此次案件未查明有利用个人账户进行涉税违法行为，但是存在很大涉税风险，不利于公司长远发展，因此，公司即使在起步阶段也要重视财务规范管理，防范涉税风险。

三、任务情境

2023年7月23日，行政部员工李强报销办公费用，出纳以现金支付。请票据处理岗人员采集票据信息；请会计核算岗人员根据原始凭证生成记账凭证。报销办公费情境如图2-10-1所示。

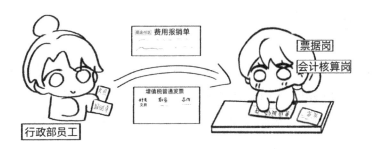

图2-10-1　报销办公费情境图

四、任务资料

报销办公费任务资料如图2-10-2、图2-10-3所示。

现金付讫

费 用 报 销 单

报销部门：行政部　　2023 年 07 月 23 日 填　　单据及附件共 1 页

用　　途	金额（元）	备注			
办公费	339.90				
		部门审核	李强	领导审批	赵田艺
合　　计	¥339.90				
金额大写：零 拾 零 万 零 仟 叁 佰 叁 拾 玖 元 玖 角 零 分		原借款： 元		应退余款： 元	

会计主管 李煜　　会计 赵倩　　出纳 朱丹　　报销人 李强　　领款人 李强

图2-10-2　办公费费用报销单

011002000104　　**北京 增值税普通发票**　　№ 53922347　011002000104 53922347

北京　发票联

开票日期：2023年07月23日

购买方	名称：北京田艺装饰有限公司 纳税人识别号：91110105064859840P 地址、电话：北京市朝阳区五里桥二街1号院7号楼 010-56072265 开户行及账号：工商银行北京市五里桥支行0200222109200065275					密码区	172312-4-275〈1+46*54* 82*59* 181321〉〈8182*59*09618153〈/ 〈4〈3*2702-9〉9*+153〈/0 〉2-3 *08/4〉*〉〉2-3*0/9/〉〉25-275〈1	
货物或应税劳务、服务名称	规格型号	单位	数量	单价	金额	税率	税额	
*文具*夹子		盒	30	11.00	330.00	3%	9.90	
合　　计					¥330.00		¥9.90	
价税合计（大写）	⊗叁佰叁拾玖元玖角整				（小写）¥339.90			
销售方	名称：北京闪亮晨光文具专卖店 纳税人识别号：9111205002A6237383 地址、电话：北京朝阳区五里二街12号010-56072236 开户行及账号：工商银行北京市五里桥支行0200222109200065145					备注	校验码：88765 89976 [illegible] 89875	

收款人：米乐　　复核：李婷　　开票人：曲丽　　销售方：（章）

税总函[2018]××号××××公司

第二联：发票联　购买方记账凭证

北京闪亮晨光文具专卖店 9111205002A6237383 发票专用章

图2-10-3　办公费发票

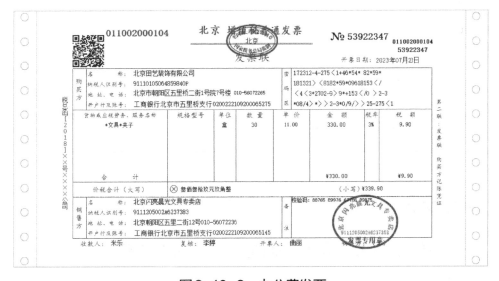

五、任务要求

共享中心"票据岗"员工按要求在智能财税"财天下"系统中采集单据并进行校验,"会计核算岗"员工进行业务制单,具体要求如下:

(1)"票据岗"员工采集"报销办公费"相关单据影像信息,系统自动对单据进行识别分类;

(2)"票据岗"员工对自动识别的票据进行人工校验;

(3)"会计核算岗"员工修改系统自动生成的记账凭证。

六、任务设计

(一)任务形式

(1)学生在课堂上根据操作步骤独立完成;

(2)同桌同学互相审核所校验的单据,并在评价表上进行评分;

(3)企业导师审核生成的记账凭证,并在评价表上进行评分;

(4)教师就学生对同桌的评价、学生训练态度进行评分。

(二)任务评价

本次任务采用同学评价、企业导师评价和教师评价相结合,具体见表2-10-1。

表2-10-1　报销办公费任务评价表

班级:　　　　　姓名:　　　　　学号:

评价项目	分值/分	评分/分	备注
采集并校验单据	40		同学评价
编制记账凭证	40		企业导师评价
给同学评价	10		教师评价
训练态度	10		教师评价
合计	100		

七、操作步骤

(一)"票据岗"员工采集"报销办公费"单据影像

(1)在"财天下"系统中,单击"票据|票据采集",打开"票据采集"选

项卡，如图2-10-4所示。

图2-10-4 进入"票据采集"界面

（2）在"票据采集"选项卡界面，选择"会计期"为"2023-07"，单击右边"采集"向下的箭头，选择"教学平台图片/PDF"，如图2-10-5所示。

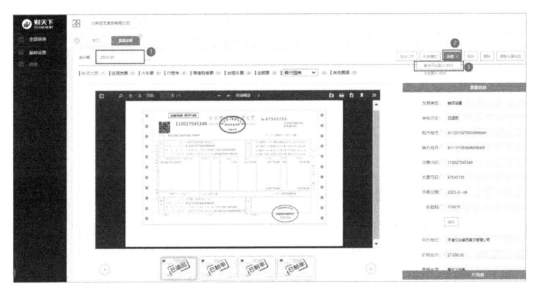

图2-10-5 采集教学平台图片

（3）在弹出的"发票详细信息"对话框中，选择本任务的2张单据，点击"确定"按钮，如图2-10-6所示。

（4）系统弹出"共上传2条数据"对话框，对话框显示上传的2张单据分别自动归类到"进项发票"和"其他发票"，点击"关闭"按钮，如图2-10-7所示。

（二）"票据岗"员工对自动识别的票据进行人工校验

（1）检查两张单据系统的自动分类是否正确。本任务中"办公费发票"自动归类到"进项发票"、"费用报销单"自动归类到"其他发票"，系统自动归类正确，无须调整。

（2）审核"办公费发票"。点击"进项发票"选项卡，找到采集进来的"办公费发票"，核对右边的"票据信息"是否与左边的"办公费发票"一致，

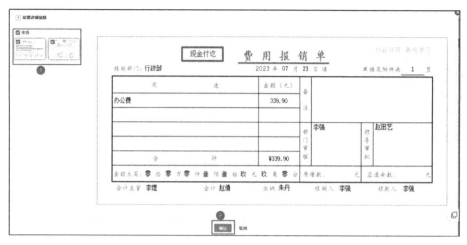

图2-10-6 选中"报销办公费"的单据

图2-10-7 "共上传2条数据"对话框

如不一致，则需修改右边的"票据信息"，无误后，点击右下角的"审核"按钮。此时，办公费发票下方状态变成"已审核"，如图2-10-8所示。

注：归类到"进行发票"的单据审核后系统会自动制单。

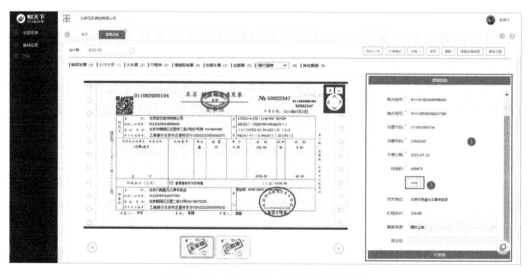

图2-10-8 审核"办公费发票"

（3）审核"费用报销单"。点击"其他票据"选项卡，找到采集进来的"费用报销单"（状态为"未审核"），点击右边的"审核"按钮，此时"费用报销单"下方状态变成"已审核"，如图2-10-9所示。

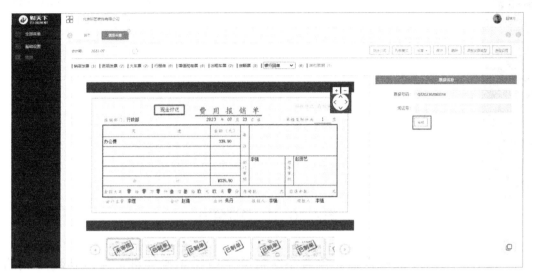

图2-10-9　审核"费用报销单"

（三）"会计核算岗"员工手动修改记账凭证

（1）查看已自动生成的记账凭证。本题"办公费发票"归类为"进项发票"，因此发票校验后自动生成了记账凭证。进入"财天下"系统，点击"凭证|凭证管理"，进入凭证管理界面，如图2-10-10所示；选择凭证所在的期间，找到该笔发票对应的分录，点击蓝色的凭证号，即可看到该记账凭证，如图2-10-11所示。

图2-10-10　进入"凭证管理"界面

注：系统自动生成的记账凭证不一定正确，需要会计核算岗员工在后续制单环节进行检查和修改。

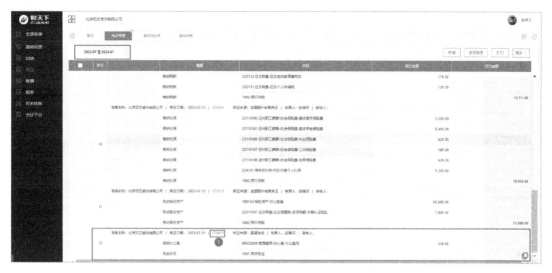

图2-10-11　凭证管理

（2）手动修改记账凭证。检查系统自动生成的记账凭证，发现自动生成的记账凭证有两个地方需要修改：①凭证日期（2023-07-31→2023-07-23）；②附件及附件张数（少了费用报销单），如图2-10-12所示。

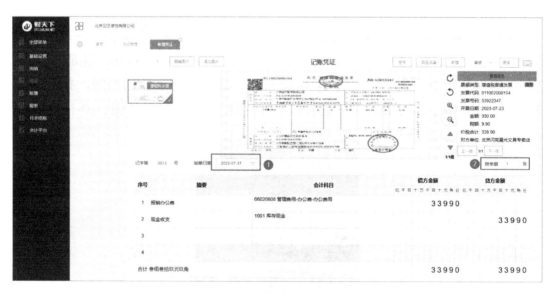

图2-10-12　自动生成的"报销办公费"记账凭证

①日期直接修改即可；②点击"添加图片"，在弹出的"单据图片"对话框中，确认上传起始日期无误后，点击"查询"，如图2-10-13所示。

双击选中"费用报销单"，附件张数变为"2"。此时，记账凭证修改完毕，点击"保存"，如图2-10-14所示。

图2-10-13 单据图片

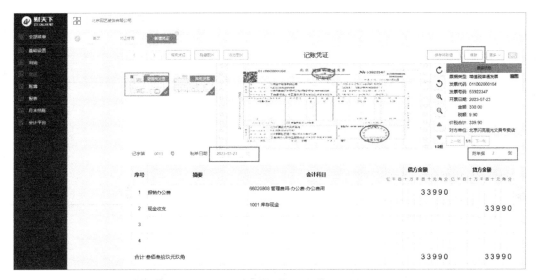

图2-10-14 "报销办公费"记账凭证

八、课程学案

任务十 报销办公费学案

班级		姓名		上课时间		任课教师	
本节课主要实训内容							

续表

班级		姓名		上课时间		任课教师	
课堂笔记及知识点							
反思							

任务十一　报销业务招待费

一、学习目标

知识目标：掌握业务招待费的具体范围、会计核算以及税前扣除比例。

能力目标：能在智能财税平台上采集、归类、审核餐饮费发票、费用报销单等原始凭证，能在系统查看修改系统自动生成的报销业务招待费记账凭证。

素养目标：了解业务招待费的审计风险控制，提高参与管理的能力，向管理会计转型。

二、知识准备

业务招待费是企业为业务经营的合理需要而支付的招待费用。在税务执法实践中，招待费具体范围（图2-11-1）如下：

（1）因企业生产经营需要而宴请或工作餐的开支；

（2）因企业生产经营需要赠送纪念品的开支；

（3）因企业生产经营需要而发生的旅游景点参观费和交通费及其他费用的开支；

（4）因企业生产经营需要而发生的业务关系人员的差旅费开支。

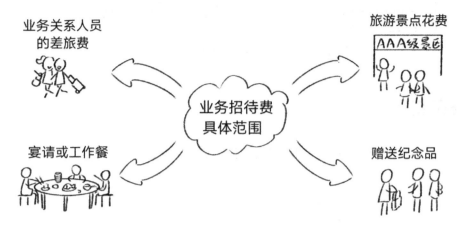

图2-11-1　业务招待费具体范围

注：企业投资者或雇员的个人娱乐支出和业余爱好支出不得作为业务招待费申报扣除。

报销业务招待费的会计核算如下。

借：管理费用/销售费用——业务招待费

　　贷：库存现金/银行存款

业务招待费税前扣除比例：《企业所得税法实施条例》第四十三条明确规定企业发生的与生产经营活动有关的业务招待费支出，按发生额的60%扣除，最高不得超过当年销售（营业）收入的5‰（千分之五）。即业务招待费扣除采用"双限额""孰小原则"税前扣除。

业务招待费的审计风险控制：对于出现在不同业务招待时间，但是发票的号码是连续的情况需要特别注意。所以在对一个部门比如销售部或者采购部进行审计的时候，需要把所有的发票都列在excel表格中进行分析，可能就存在两个人在同一时间买发票，在不同的时间报销。还有一种情况是整数金额报销，一般就餐是不可能出现整数的。

三、任务情境

2023年7月24日，销售部员工付世红报销业务招待费，出纳以现金支付，请票据处理岗人员采集票据信息；请会计核算岗人员根据原始凭证生成记账凭证。报销业务招待费情境如图2-11-2所示。

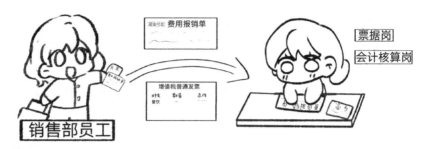

图2-11-2　报销业务招待费情境图

四、任务资料

报销业务招待费任务资料如图2-11-3、图2-11-4所示。

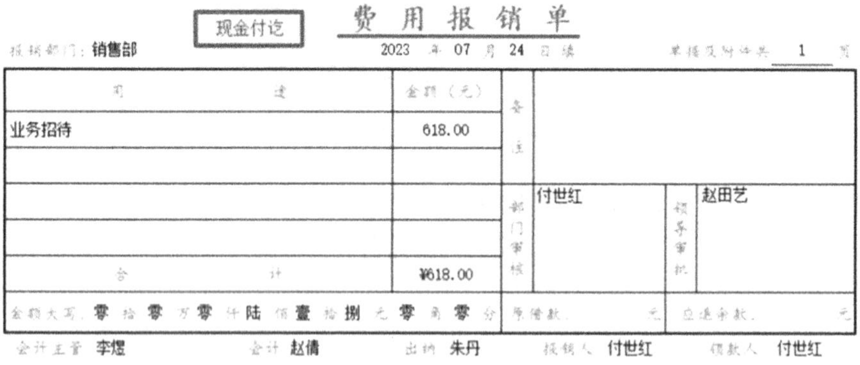

图2-11-3　业务招待费费用报销单

图2-11-4　餐饮费发票

五、任务要求

共享中心"票据岗"员工按要求在智能财税"财天下"系统中采集单据并进行校验，"会计核算岗"员工进行业务制单，具体要求如下：

（1）"票据岗"员工采集"报销业务招待费"相关单据影像信息，系统自动对单据进行识别分类；

（2）"票据岗"员工对自动识别的票据进行人工校验；

（3）"会计核算岗"员工修改系统自动生成的记账凭证。

六、任务设计

（一）任务形式

（1）学生在课堂上根据操作步骤独立完成；

（2）同桌同学互相审核所校验的单据，并在评价表上进行评分；

（3）企业导师审核生成的记账凭证，并在评价表上进行评分；

（4）教师就学生对同桌的评价、学生训练态度进行评分。

（二）任务评价

本次任务采用同学评价、企业导师评价和教师评价相结合的形式，具体见表2-11-1。

表2-11-1　报销业务招待费任务评价表

班级：　　　　　　姓名：　　　　　　学号：

评价项目	分值/分	评分/分	备注
采集并校验单据	40		同学评价
编制记账凭证	40		企业导师评价
给同学评价	10		教师评价
训练态度	10		教师评价
合计	100		

七、操作步骤

（一）"票据岗"员工采集"报销业务招待费"单据影像

（1）在"财天下"系统中，单击"票据|票据采集"，打开"票据采集"选项卡，如图2-11-5所示。

图2-11-5　进入"票据采集"界面

（2）在"票据采集"选项卡界面，选择"会计期"为"2023-07"，单击右边"采集"向下的箭头，选择"教学平台图片/PDF"，如图2-11-6所示。

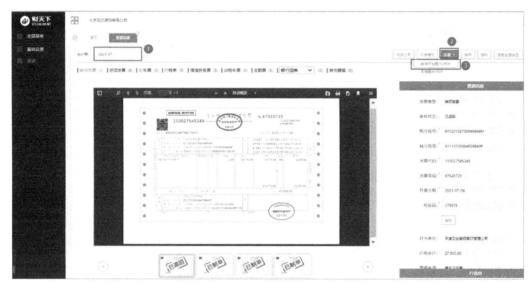

图2-11-6　采集教学平台图片

（3）在弹出的"发票详细信息"对话框中，选择本任务的两张单据，点击"确定"按钮，如图2-11-7所示。

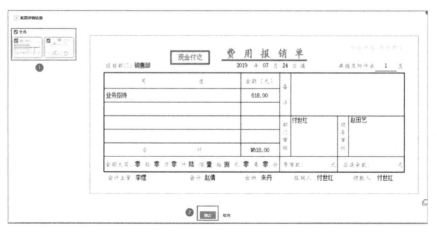

图2-11-7　选中"报销业务招待费"的单据

（4）系统弹出"共上传2条数据"对话框，对话框显示上传的两张单据分别自动归类到"出租车票"和"其他发票"，点击"关闭"按钮，如图2-11-8所示。

图2-11-8 "共上传2条数据"对话框

（二）"票据岗"员工对自动识别的票据进行人工校验

（1）检查两张单据系统的自动分类是否正确。本任务中"餐费发票"自动归类到"进项发票"、"费用报销单"自动归类到"其他发票"，系统自动归类正确，无须调整。

（2）审核"餐费发票"。点击"进项发票"选项卡，找到采集进来的"餐费发票"，核对右边的"票据信息"是否与左边的"餐费发票"一致，如不一致，则需修改右边的"票据信息"，无误后，点击右下角的"审核"按钮。此时，"餐费发票"下方状态变成"已审核"，如图2-11-9所示。

注：归类到"进行发票"的单据审核后系统会自动制单。

图2-11-9 审核"餐费发票"

（3）审核"费用报销单"。点击"其他票据"选项卡，找到采集进来的"费用报销单"（单据状态为"未审核"），点击右边的"审核"按钮，"费用报销单"下方状态变成"已审核"，如图2-11-10所示。

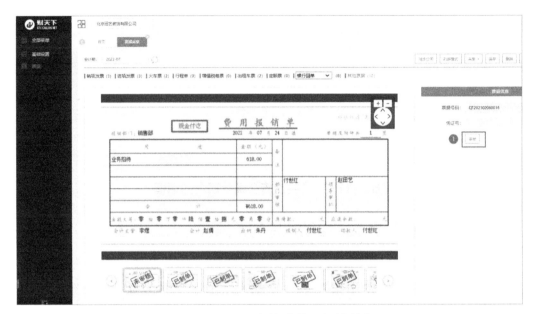

图2-11-10   审核"费用报销单"

（三）"会计核算岗"员工手动修改记账凭证

（1）查看已自动生成的记账凭证。本题"餐费发票"为"进项发票"，因此发票校验后自动生成了记账凭证。进入"财天下"系统，点击"凭证|凭证管理"，进入"凭证管理"界面，如图2-11-11所示；选择凭证所在的期间，找到该笔发票对应的分录，点击蓝色的凭证号，即可看到该记账凭证，如图2-11-12所示。

图2-11-11   进入"凭证管理"界面

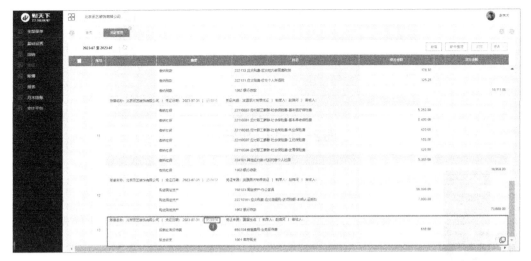

图2-11-12 凭证管理

注：系统自动生成的记账凭证不一定正确，需要会计核算岗员工在后续制单环节进行检查和修改。

（2）手动修改记账凭证。检查系统自动生成的记账凭证，发现自动生成的记账凭证有两个地方需要修改：①凭证日期（2023-07-31 → 2023-07-24）；②附件及附件张数（少了费用报销单），如图2-11-13所示。

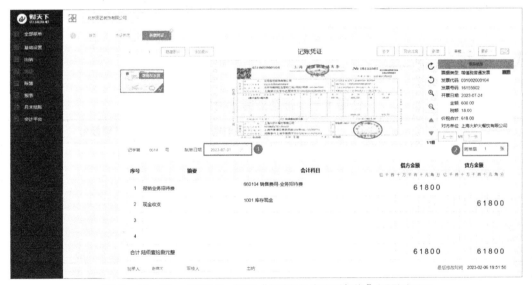

图2-11-13 自动生成的"报销业务招待费"记账凭证

①日期直接修改即可；②点击"添加图片"，在弹出的"单据图片"对话框中，确认上传起始日期无误后，点击"查询"，如图2-11-14所示。

双击选中"费用报销单"，附件张数变为"2"。此时，记账凭证修改完毕，点击"保存"，如图2-11-15所示。

图2-11-14　单据图片

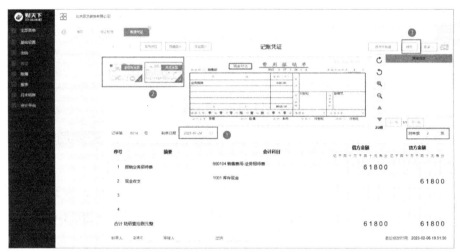

图2-11-15　"报销业务招待费"记账凭证

八、课程学案

任务十一　报销业务招待费学案

班级		姓名		上课时间		任课教师	
本节课主要实训内容							
课堂笔记及知识点							

续表

班级		姓名		上课时间		任课教师	
反思							

任务十二　缴纳住房公积金

一、学习目标

知识目标：了解住房公积金制度，掌握住房公积金缴存金额的计算和缴纳住房公积金的会计分录。

能力目标：能在智能财税平台上采集、归类、审核银行回单原始凭证，能手动新增缴纳住房公积金记账凭证。

素养目标：了解住房公积金管理条例，培养法治精神。

二、知识准备

住房公积金制度是指由职工所在的国家机关、国有企业、城镇集体企业、外商投资企业、城镇私营企业以及其他城镇企业、事业单位及职工个人缴纳并长期储蓄一定的住房公积金，用以日后支付职工家庭购买或自建自住住房、私房翻修等住房费用的制度。

公积金缴存金额的计算如下。

（1）公积金月缴存额=个人月缴存额+单位月缴存额。

（2）个人月缴存额=基本工资×个人缴存比例，单位月缴存额=基本工资×单位缴存比例，单位与个人两者缴存比例相同，缴存比例范围为5%～12%。个人住房公积金由单位代扣代缴，单位与职工对等缴存，各出一半，公积金余额完全归职工个人所有。

举例：职工月平均基本工资5000元，公积金缴存比例8%，那么月缴存额=5000×8%+5000×8%=800元，单位和个人每月各出400元。

缴纳住房公积金会计分录如下。

借：应付职工薪酬——住房公积金（单位部分）

其他应付款——代扣代缴个人公积金（个人部分）

贷：银行存款

拓展：公积金是必须缴纳的吗？公积金是否强制缴纳？

2020年社保新规：社保和公积金必须同时缴纳！

《住房公积金管理条例》（第350号）第十五条：单位录用职工的，应当自录用之日起30日内到住房公积金管理中心办理缴存登记，并持住房公积金管理中心的审核文件，到受委托银行办理职工住房公积金账户的设立或者转移手续。第二十条：单位应当按时、足额缴存住房公积金，不得逾期缴存或者少缴。

因此公积金是强制缴纳，单位不为员工缴纳公积金的，员工可以要求单位补缴，造成损失的还可要求单位赔偿损失。

三、任务情境

2023年7月25日，银行代缴6月住房公积金。请票据处理岗人员采集票据信息；请会计核算岗人员根据原始凭证生成记账凭证。缴纳住房公积金情境如图2-12-1所示。

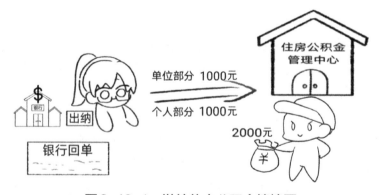

图2-12-1 缴纳住房公积金情境图

四、任务资料

缴纳住房公积金任务资料如图2-12-2所示。

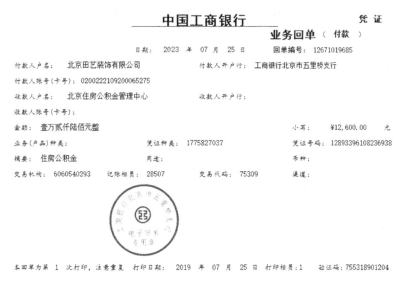

图2-12-2　缴纳住房公积金银行回单

五、任务要求

共享中心"票据岗"员工按要求在智能财税"财天下"系统中采集单据并进行校验，"会计核算岗"员工进行业务制单，具体要求如下：

（1）"票据岗"员工采集"缴纳住房公积金"相关单据影像信息，系统自动对单据进行识别分类；

（2）"票据岗"员工对自动识别的票据进行人工校验；

（3）"会计核算岗"员工手动新增记账凭证。

六、任务设计

（一）任务形式

（1）学生在课堂上根据操作步骤独立完成；

（2）同桌同学互相审核所校验的单据，并在评价表上进行评分；

（3）企业导师审核生成的记账凭证，并在评价表上进行评分；

（4）教师就学生对同桌的评价、学生训练态度进行评分。

（二）任务评价

本次任务采用同学评价、企业导师评价和教师评价相结合的形式，具体见表2-12-1。

表2-12-1 缴纳住房公积金任务评价表

班级：　　　　　姓名：　　　　　学号：

评价项目	分值/分	评分/分	备注
采集并校验单据	40		同学评价
编制记账凭证	40		企业导师评价
给同学评价	10		教师评价
训练态度	10		教师评价
合计	100		

七、操作步骤

（一）"票据岗"员工采集"缴纳社保"单据影像

（1）在"财天下"系统中，单击"票据|票据采集"，打开"票据采集"选项卡，如图2-12-3所示。

图2-12-3 进入"票据采集"界面

（2）在"票据采集"选项卡界面，选择"会计期"为"2023-07"，单击右边"采集"向下的箭头，选择"教学平台图片/PDF"，如图2-12-4所示。

（3）在弹出的"发票详细信息"对话框中，选择本任务的单据，点击"确定"按钮，如图2-12-5所示。

（4）系统弹出"共上传1条数据"对话框，对话框显示上传的银行回单自动归类到"银行回单"类别，点击"关闭"按钮。

（二）"票据岗"员工对自动识别的票据进行人工校验

（1）检查单据系统的自动分类是否正确。本任务中"中国工商银行回单"自动归类到"银行回单"，系统自动归类正确，无须调整。

（2）审核"工商银行回单"。点击"银行回单"选项卡，找到本题采集进来的"中国工商银行回单"（单据状态为"未审核"）。核对右边的"票据信息"是否与左边的"银行回单"一致，如不一致，则需修改右边的"票据信息"，无误后，点击右下角的"审核"按钮。此时，回单下方状态变成"已审核"，

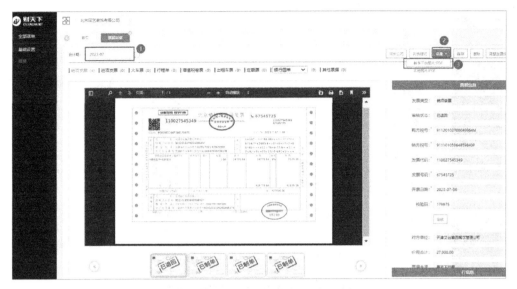

图2-12-4　采集教学平台图片

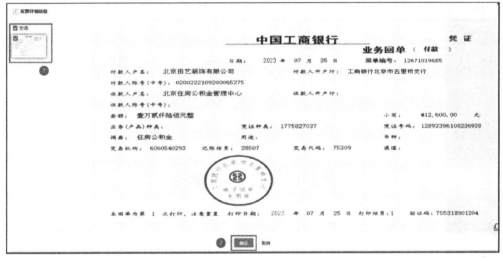

图2-12-5　选中"缴纳住房公积金"的单据

如图2-12-6所示。

（三）"会计核算岗"员工手动编制记账凭证

（1）进入"财天下"系统，点击"凭证|新增凭证"，进入新增凭证界面。

（2）修改制单日期为"2023-07-25"，点击右上角"单据图片"，如图2-12-7所示。在弹出的"单据图片"对话框中，选择发票类型"银行回单"，点击查询。

（3）双击选中"银行回单"附件，此时附件张数变为1。依次填写记账凭证"摘要""会计科目""金额"，检查无误后，点击右上角"保存"，如图2-12-8所示。

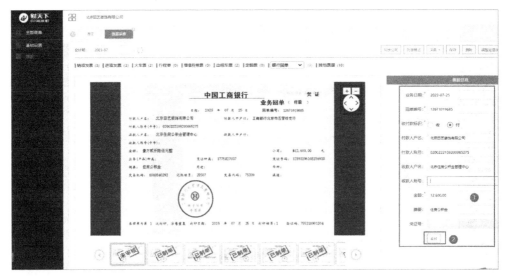

图2-12-6　审核"工商银行回单"

图2-12-7　点击添加附件

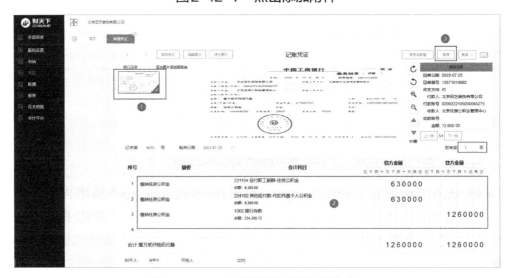

图2-12-8　新增缴纳社保记账凭证

注：单位与职工对等缴存，各出一半，单位部分＝代扣代缴个人部分＝12600÷2＝6300（元）。

八、课程学案

任务十二　缴纳住房公积金学案

班级		姓名		上课时间		任课教师	
本节课主要实训内容							
课堂笔记及知识点							
反思							

任务十三　计提工资

一、学习目标

知识目标：了解计提工资的缘由，掌握计提工资的会计分录。

能力目标：能在智能财税平台上采集、归类、审核工资计算单等原始凭证，能手动新增计提工资记账凭证。

素养目标：培养感恩、回馈意识和社会责任感，培养创业精神。

二、知识准备

权责发生制要求当月发生的费用要记在当月，而实际工作中，工资发放一般是等到该月过完了在下月发放，这就造成工资计算和发放的滞后性，所以，在该月月末需要根据历史情况或者用别的手段暂估该月发生的工资费用，做计提分录入账。这样就满足了权责发生制的要求。注意，如果是当月工资当月发放，工资就不要计提，而是月底分配工资，比如工资分摊到管理费用、销售费用中去。

计提工资会计分录如下。

借：生产成本

制造费用

管理费用

销售费用

主营业务成本

贷：应付职工薪酬——工资

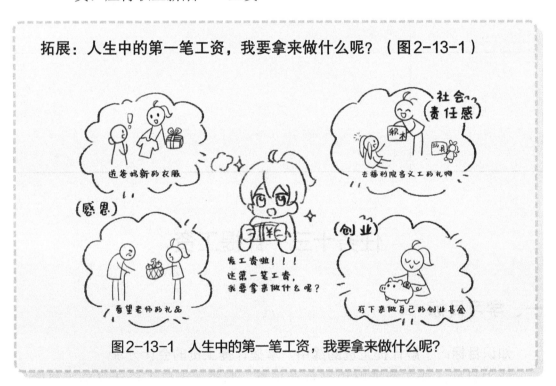

拓展：人生中的第一笔工资，我要拿来做什么呢？（图2-13-1）

图2-13-1 人生中的第一笔工资，我要拿来做什么呢？

三、任务情境

2023年7月31日，计提本月工资（备注：工程部职工、设计部职工薪酬计入"主营业务成本——提供服务成本"科目）。请票据处理岗人员采集票据信息；请会计核算岗人员根据原始凭证生成记账凭证。计提工资情境如图2-13-2所示。

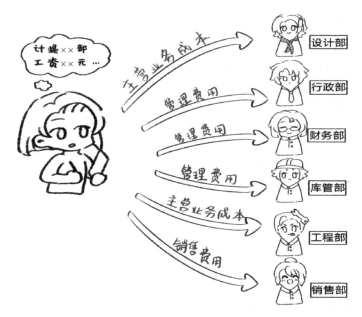

图2-13-2 计提工资情境图

四、任务资料

计提工资任务资料如表2-13-1所示。

表2-13-1 田艺装饰公司7月工资计算表   单位：元

| 序号 | 姓名 | 部门 | 工资收入 | 专项扣除 | | | | 个人所得税 | 实发工资 |
				基本养老	基本医疗	失业	住房公积金		
1	张波	设计部	9,000.00	720.00	180.00	18.00	1,080.00	60.06	6,941.94
2	李强	行政部	9,000.00	720.00	180.00	18.00	1,080.00	60.06	6,941.94
3	朱丹	财务部	5,000.00	400.00	100.00	10.00	600.00	0.00	3,890.00
4	邢杰	库管部	6,500.00	520.00	130.00	13.00	780.00	1.71	5,055.29
5	李彩炫	工程部	6,500.00	520.00	130.00	13.00	780.00	1.71	5,055.29
6	张基浩	工程部	5,000.00	400.00	100.00	10.00	600.00	0.00	3,890.00
7	李晖	工程部	5,000.00	400.00	100.00	10.00	600.00	0.00	3,890.00
8	付世红	销售部	6,500.00	520.00	130.00	13.00	780.00	1.71	5,055.29
合计			52,500.00	4,200.00	1,050.00	105.00	6,300.00	125.25	40,719.75

五、任务要求

共享中心"票据岗"员工按要求在智能财税"财天下"系统中采集单据并进行校验,"会计核算岗"员工进行业务制单,具体要求如下:

(1)"票据岗"员工采集"计提工资"相关单据影像信息,系统自动对单据进行识别分类;

(2)"票据岗"员工对自动识别的票据进行人工校验;

(3)"会计核算岗"员工手动新增记账凭证。

六、任务设计

(一)任务形式

(1)学生在课堂上根据操作步骤独立完成;

(2)同桌同学互相审核所校验的单据,并在评价表上进行评分;

(3)企业导师审核生成的记账凭证,并在评价表上进行评分;

(4)教师就学生对同桌的评价、学生训练态度进行评分。

(二)任务评价

本次任务采用同学评价、企业导师评价和教师评价相结合的形式,具体见表2-13-2。

表2-13-2 计提工资任务评价表

班级:　　　　姓名:　　　　学号:

评价项目	分值/分	评分/分	备注
采集并校验单据	40		同学评价
编制记账凭证	40		企业导师评价
给同学评价	10		教师评价
训练态度	10		教师评价
合计	100		

七、操作步骤

(一)"票据岗"员工采集"计提工资"单据影像

(1)在"财天下"系统中,单击"票据|票据采集",打开"票据采集"选项卡,如图2-13-3所示。

图2-13-3 进入"票据采集"界面

（2）在"票据采集"选项卡界面，选择"会计期"为"2023-07"，单击右边"采集"向下的箭头，选择"教学平台图片/PDF"，如图2-13-4所示。

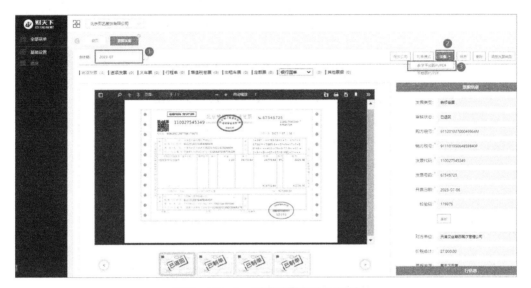

图2-13-4 采集教学平台图片

（3）在弹出的"发票详细信息"对话框中，选择本任务的单据，点击"确定"按钮，如图2-13-5所示。

（4）系统弹出"共上传1条数据"对话框，对话框显示上传的"工资计算单"自动归类到"行程单"类别，点击"关闭"按钮，如图2-13-6所示。

（二）"票据岗"员工对自动识别的票据进行人工校验

（1）检查单据系统的自动分类是否正确。本任务中"工资计算单"自动归类到"行程单"，系统自动归类有误，需调整到"其他票据"。（点击右上角"调整发票类型"，在弹出的"发票类型调整"对话框中选择正确的票据类型，点击"保存"。）

（2）审核"工资计算单"。点击"其他票据"选项卡，找到本题采集进来的"工资计算单"（单据状态为"未审核"），点击右下角的"审核"按钮，此时，"工资计算单"下方状态变成"已审核"，如图2-13-7所示。

图2-13-5 选中"计提工资"的单据

图2-13-6 "共上传1条数据"对话框

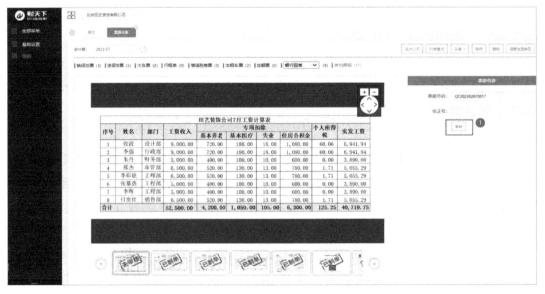

图2-13-7 审核"工资计算单"

（三）"会计核算岗"员工手动编制记账凭证

（1）进入"财天下"系统，点击"凭证|新增凭证"，进入新增凭证界面。

（2）修改制单日期为"2023-07-31"，点击右上角"单据图片"，如图2-13-8所示。在弹出的"单据图片"对话框中，选择发票类型"其他发票"，点击查询。

图2-13-8　点击添加附件

（3）双击选中"工资计算单"附件，此时附件张数变为1。依次填写记账凭证"摘要""会计科目""金额"，检查无误后，点击右上角"保存"，如图2-13-9所示。

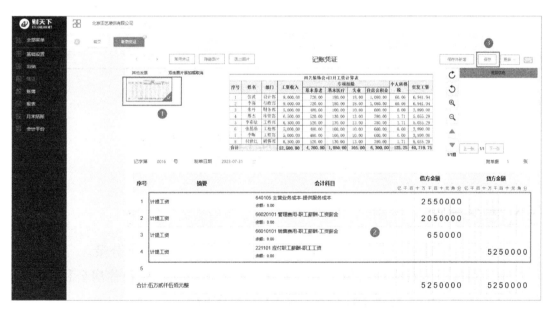

图2-13-9　新增计提工资记账凭证

注：工程部职工、设计部职工薪酬计入"主营业务成本——提供服务成本"科目，因此"主营业务成本——提供服务成本"=9000+6500+5000+5000=25500（元）；行政部、财务部、库管部职工薪酬计入"管理费用"科目，因此"管理费用"=9000+5000+6500=20500（元）。

八、课程学案

任务十三　计提工资学案

班级		姓名		上课时间		任课教师	
本节课主要实训内容							
课堂笔记及知识点							
反思							

任务十四　计提社保公积金

一、学习目标

知识目标：掌握五险一金的内容、计提社保公积金的会计分录。

能力目标：能在智能财税平台上采集、归类、审核社保及住房公积金汇总表等原始凭证，能手动新增计提社保公积金记账凭证。

素养目标：了解五险一金用途，为走入职场做准备，培养职业精神。

二、知识准备

五险就是所谓的社保（社会保险的简称），包括养老保险、医疗保险、生育保险、工伤保险和失业保险;一金说的是住房公积金。

"五险一金"是用人单位给予劳动者的保障待遇。其中养老保险、医疗保险和失业保险由企业和个人共同承担缴纳,工伤保险和生育保险完全由企业承担。

计提社保公积金会计分录如下。

借:生产成本

制造费用

管理费用

销售费用

主营业务成本

贷:应付职工薪酬——社会保险费

应付职工薪酬——住房公积金

拓展:五险一金的用处

(1)养老保险:退休之后可领取。国家规定养老保险需累计缴纳15年。

(2)医疗保险:看病可报销。注意:医疗保险一定不要轻易断缴,断缴3个月会中断医疗报销待遇,需重新缴纳6个月以上,才能重新获得报销资格。

(3)失业保险:失业后获得补助。注:这里的失业是指非本人意愿失业。

(4)生育保险:生孩子能得到的补贴。无论男性女性,都可享受这项待遇。

(5)工伤保险:工作中受伤得到补偿。注意:如果因公受伤,记得留存证据。

(6)住房公积金:可用于低息按揭贷款买房;建造、翻建、大修住房;支付房租;父母使用公积金给儿女购房;特殊情况可全额提取。

三、任务情境

2023年7月31日,计提本月社保及住房公积金(备注:工程部职工、设计部职工薪酬计入"主营业务成本——提供服务成本"科目)。请票据处理岗人员采集票据信息；请会计核算岗人员根据原始凭证生成记账凭证。计提社保公积金情境如图2-14-1所示。

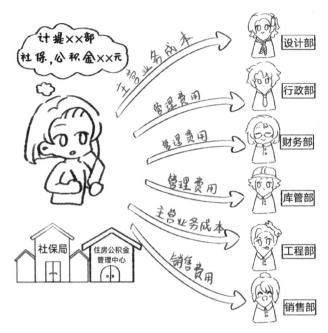

图2-14-1　计提社保公积金情境图

四、任务资料

计提社保公积金任务资料如表2-14-1所示。

表2-14-1　田艺装饰公司7月公司承担的社保及住房公积金汇总表　单位：元

部门	费用科目	社保基数	基本养老	基本医疗	失业	工伤	生育	住房公积金
工程部	主营业务成本-提供劳务成本	16,500.00	2,640.00	1,650.00	132.00	33.00	132.00	1,980.00
设计部	主营业务成本-提供服务成本	9,000.00	1,440.00	900.00	72.00	18.00	72.00	1,080.00
行政部、财务部、库管部	管理费用	20,500.00	3,280.00	2,050.00	164.00	41.00	164.00	2,460.00
销售部	销售费用	6,500.00	1,040.00	650.00	52.00	13.00	52.00	780.00
	合计	52,500.00	8,400.00	5,250.00	420.00	105.00	420.00	6,300.00

五、任务要求

共享中心"票据岗"员工按要求在智能财税"财天下"系统中采集单据并进行校验,"会计核算岗"员工进行业务制单,具体要求如下:

(1)"票据岗"员工采集"计提社保公积金"相关单据影像信息,系统自动对单据进行识别分类;

(2)"票据岗"员工对自动识别的票据进行人工校验;

(3)"会计核算岗"员工手动新增记账凭证。

六、任务设计

(一)任务形式

(1)学生在课堂上根据操作步骤独立完成;

(2)同桌同学互相审核所校验的单据,并在评价表上进行评分;

(3)企业导师审核生成的记账凭证,并在评价表上进行评分;

(4)教师就学生对同桌的评价、学生训练态度进行评分。

(二)任务评价

本次任务采用同学评价、企业导师评价和教师评价相结合的形式,具体见表2-14-2。

表2-14-2 计提社保公积金任务评价表

班级: 姓名: 学号:

评价项目	分值/分	评分/分	备注
采集并校验单据	40		同学评价
编制记账凭证	40		企业导师评价
给同学评价	10		教师评价
训练态度	10		教师评价
合计	100		

七、操作步骤

(一)"票据岗"员工采集"计提社保公积金"单据影像

(1)在"财天下"系统中,单击"票据|票据采集",打开"票据采集"选

项卡，如图2-14-2所示。

图2-14-2 进入"票据采集"界面

（2）在"票据采集"选项卡界面，选择"会计期"为"2023-07"，单击右边"采集"向下的箭头，选择"教学平台图片/PDF"，如图2-14-3所示。

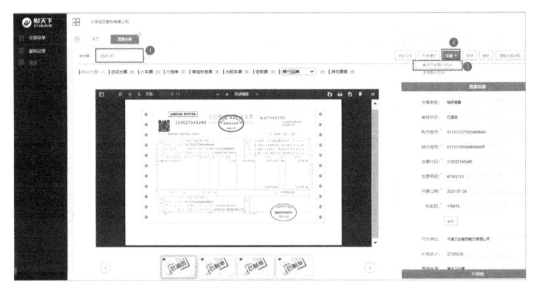

图2-14-3 采集教学平台图片

（3）在弹出的"发票详细信息"对话框中，选择本任务的单据，点击"确定"按钮，如图2-14-4所示。

（4）系统弹出"共上传1条数据"对话框，对话框显示上传的"社保及住房公积金汇总表"自动归类到"其他票据"类别，点击"关闭"按钮。

（二）"票据岗"员工对自动识别的票据进行人工校验

（1）检查单据系统的自动分类是否正确。本任务中"工资计算单"自动归类到"其他票据"，归类正确，无须调整。

（2）审核"社保及住房公积金汇总表"。点击"其他票据"选项卡，找到本题采集进来的"社保及住房公积金汇总表"（单据状态为"未审核"），点击右下角的"审核"按钮，此时，"社保及住房公积金汇总表"下方状态变成

图2-14-4 选中单据"社保及住房公积金汇总表"

"已审核",如图2-14-5所示。

图2-14-5 审核"社保及住房公积金汇总表"

(三)"会计核算岗"员工手动编制记账凭证

（1）进入"财天下"系统，点击"凭证|新增凭证"，进入新增凭证界面。

（2）修改制单日期为"2023-07-31"，点击右上角"单据图片"，如图2-14-6所示。在弹出的"单据图片"对话框中，选择发票类型"其他发票"，点击查询。

图2-14-6 点击添加附件

（3）双击选中"社保及住房公积金汇总表"附件，此时附件张数变为1。依次填写记账凭证"摘要""会计科目""金额"，检查无误后，点击右上角"保存"，如图2-14-7所示。

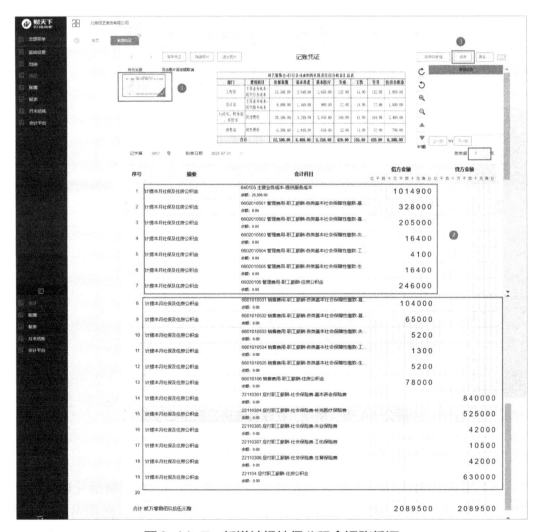

图2-14-7 新增计提社保公积金记账凭证

注：工程部职工、设计部职工社保及住房公积金计入"主营业务成本——提供服务成本"科目，因此"主营业务成本——提供服务成本"=2640+1650+132+33+132+1980+1440+900+72+18+72+1080=10149（元）；行政部、财务部、库管部社保及住房公积金计入"管理费用"科目；销售部职工社保及住房公积金计入销售费用。

八、课程学案

任务十四　计提社保公积金学案

班级		姓名		上课时间		任课教师	
本节课主要实训内容							
课堂笔记及知识点							
反思							

任务十五　计提折旧

一、学习目标

知识目标：掌握固定资产折旧的内容、计提折旧的固定资产及计提折旧的会计分录。

能力目标：能在智能财税平台上采集、归类、审核固定资产折旧表等原始凭证，能手动新增计提折旧记账凭证。

素养目标：培养学生善于思考，乐于钻研的学习精神。

二、知识准备

固定资产折旧是指在固定资产使用寿命内，按照确定的方法对应计折旧额进行系统分摊。应计折旧额是指应当计提折旧的固定资产的原价扣除其预计净残值后的金额。已计提减值准备的固定资产，还应当扣除已计提的固定资产减值准备累计金额。

计提折旧的固定资产包括以下几类。

（1）房屋建筑物；

（2）在用的机器设备、仪器仪表、运输车辆、工具器具；

（3）季节性停用及修理停用的设备；

（4）以经营租赁方式租出的固定资产和以融资租赁式租入的固定资产。

计提折旧会计分录如下。

借：生产成本

制造费用

管理费用

销售费用

主营业务成本

贷：累计折旧

计提折旧就是把购买固定资产的费用摊销到它的使用期限内。从计算利润的公式来看：收入－支出＝利润，固定资产实际上也是企业花钱买来的，所以也是一种支出，但是往往这种支出金额很大，而且受益期很长，如果将此支出一次性计入某个月，会导致当月明显亏损，而实际上当月从该固定资产得到的收益不会这么多。同时，其他受益的月份，又没有体现应有的支出，所以，将固定资产入账后，在受益期内分摊其支出，按月列支，体现了配比原则。

三、任务情境

2023年7月31日，计提本月累计折旧（备注：工程部固定资产折旧额计入"主营业务成本-提供服务成本"科目）。请票据处理岗人员采集票据信息；请会计核算岗人员根据原始凭证生成记账凭证。计提折旧情境如图2-15-1所示。

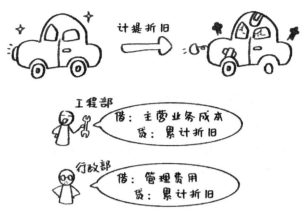

图2-15-1 计提折旧情境图

四、任务资料

计提折旧任务资料如表2-15-1所示。

表2-15-1 田艺装饰公司7月固定资产折旧表 单位：元

资产类别	所属部门	开始使用时间	折旧年限	原值	残值	方法	月折旧额
固定资产-运输工具	工程部	2023年6月	4年	90,000.00	0	年限平均法	1,875.00
固定资产-办公家具	行政部	2023年6月	5年	60,000.00	0	年限平均法	1,000.00
固定资产-电子设备	行政部	2023年6月	3年	18,000.00	0	年限平均法	500.00

五、任务要求

共享中心"票据岗"员工按要求在智能财税"财天下"系统中采集单据并进行校验，"会计核算岗"员工进行业务制单，具体要求如下：

（1）"票据岗"员工采集"固定资产折旧表"相关单据影像信息，系统自动对单据进行识别分类；

（2）"票据岗"员工对自动识别的票据进行人工校验；

（3）"会计核算岗"员工手动新增记账凭证。

六、任务设计

（一）任务形式

（1）学生在课堂上根据操作步骤独立完成；

（2）同桌同学互相审核所校验的单据，并在评价表上进行评分；

（3）企业导师审核生成的记账凭证，并在评价表上进行评分；

（4）教师就学生对同桌的评价、学生训练态度进行评分。

（二）任务评价

本次任务采用同学评价、企业导师评价和教师评价相结合的形式，具体见表2-15-2。

表2-15-2　计提折旧任务评价表

班级：　　　　　　　姓名：　　　　　　　学号：

评价项目	分值/分	评分/分	备注
采集并校验单据	40		同学评价
编制记账凭证	40		企业导师评价
给同学评价	10		教师评价
训练态度	10		教师评价
合计	100		

七、操作步骤

（一）"票据岗"员工采集"计提折旧"单据影像

（1）在"财天下"系统中，单击"票据|票据采集"，打开"票据采集"选项卡，如图2-15-2所示。

图2-15-2　进入"票据采集"界面

（2）在"票据采集"选项卡界面，选择"会计期"为"2023-07"，单击右边"采集"向下的箭头，选择"教学平台图片/PDF"，如图2-15-3所示。

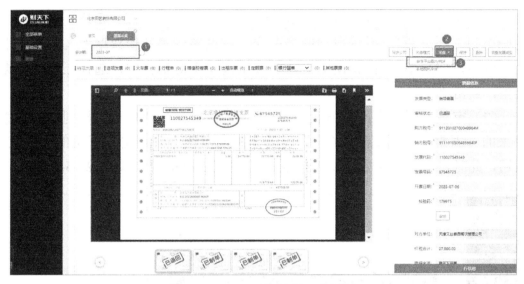

图2-15-3 采集教学平台图片

（3）在弹出的"发票详细信息"对话框中，选择本任务的单据，点击"确定"按钮，如图2-15-4所示。

图2-15-4 选中单据"固定资产折旧表"

（4）系统弹出"共上传1条数据"对话框，对话框显示上传的"固定资产折旧表"自动归类到"火车票"类别，如图2-15-5所示，点击"关闭"按钮。

图2-15-5 "共上传1条数据"对话框

（二）"票据岗"员工对自动识别的票据进行人工校验

（1）检查单据系统的自动分类是否正确。本任务中"固定资产折旧表"自动归类到"火车票"，系统自动归类有误，需调整到"其他票据"。（点击右上角"调整发票类型"，在弹出的"发票类型调整"对话框中，选择正确的票据类型，点击"保存"。）

（2）审核"固定资产折旧表"。点击"其他票据"选项卡，找到本题采集进来的"固定资产折旧表"（单据状态为"未审核"），点击右下角的"审核"按钮，此时，"固定资产折旧表"下方状态变成"已审核"，如图2-15-6所示。

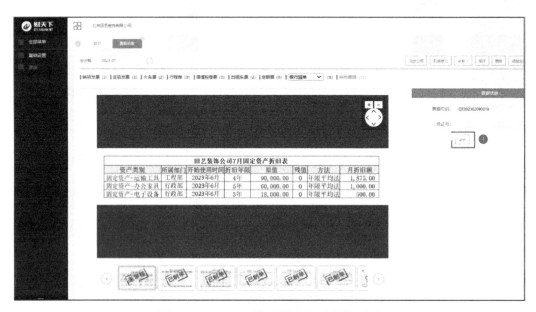

图2-15-6　审核"固定资产折旧表"

（三）"会计核算岗"员工手动编制记账凭证

（1）进入"财天下"系统，点击"凭证|新增凭证"，进入新增凭证界面。

（2）修改制单日期为"2023-07-31"，点击右上角"单据图片"，如图2-15-7所示。在弹出的"单据图片"对话框中，选择发票类型"其他发票"，点击查询。

（3）双击选中"固定资产折旧表"附件，此时附件张数变为1。依次填写记账凭证"摘要""会计科目""金额"，检查无误后，点击右上角"保存"，如图2-15-8所示。

注：工程部固定资产折旧额计入"主营业务成本——提供服务成本"科目；行政部固定资产折旧额计入"管理费用"科目。

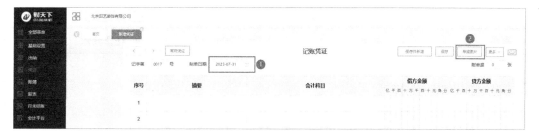

图2-15-7　点击添加附件

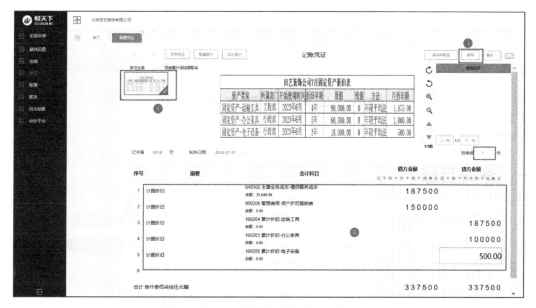

图2-15-8　新增计提折旧记账凭证

八、课程学案

任务十五　计提折旧学案

班级		姓名		上课时间		任课教师	
本节课主要实训内容							
课堂笔记及知识点							

续表

班级		姓名		上课时间		任课教师	
反思							

任务十六　摊销仓储费

一、学习目标

知识目标：掌握预提与摊销的关系，掌握摊销仓储费的会计分录。

能力目标：能在智能财税平台上采集、归类、审核待摊费用明细表等原始凭证，能手动新增摊销仓储费记账凭证。

素养目标：提高会计职业判断的能力，培养会计职业素养。

二、知识准备

摊销仓储费会计分录参考本模块"任务一　预付仓储费"中关于摊销的会计处理，如图2-16-1所示。

图2-16-1　摊销仓储费会计分录

三、任务情境

2023年7月31日，摊销本月仓储费用1666.67元。请票据处理岗人员采集票据信息；请会计核算岗人员根据原始凭证生成记账凭证。摊销仓储费情境如图2-16-2所示。

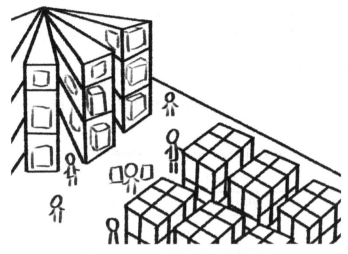

图2-16-2 摊销仓储费情境图

四、任务资料

摊销仓储费任务资料如表2-16-1所示。

表2-16-1 田艺装饰公司7月待摊费用明细表 单位：元

内容	费用总额	开始摊销月份	结束摊销月份	本月摊销金额
仓储费	5,000.00	2023年7月	2023年9月	1,666.67

五、任务要求

共享中心"票据岗"员工按要求在智能财税"财天下"系统中采集单据并进行校验，"会计核算岗"员工进行业务制单，具体要求如下：

（1）"票据岗"员工采集"待摊费用明细表"相关单据影像信息，系统自动对单据进行识别分类；

（2）"票据岗"员工对自动识别的票据进行人工校验；

（3）"会计核算岗"员工手动新增记账凭证。

六、任务设计

（一）任务形式

（1）学生在课堂上根据操作步骤独立完成；

（2）同桌同学互相审核所校验的单据，并在评价表上进行评分；

（3）企业导师审核生成的记账凭证，并在评价表上进行评分；

（4）教师就学生对同桌的评价、学生训练态度进行评分。

（二）任务评价

本次任务采用同学评价、企业导师评价和教师评价相结合的形式，具体见表2-16-2。

表2-16-2　摊销仓储费任务评价表

班级：　　　　　　姓名：　　　　　　学号：

评价项目	分值/分	评分/分	备注
采集并校验单据	40		同学评价
编制记账凭证	40		企业导师评价
给同学评价	10		教师评价
训练态度	10		教师评价
合计	100		

七、操作步骤

（一）"票据岗"员工采集"计提工资"单据影像

（1）在"财天下"系统中，单击"票据|票据采集"，打开"票据采集"选项卡，如图2-16-3所示。

图2-16-3　进入"票据采集"界面

（2）在"票据采集"选项卡界面，选择"会计期"为"2023-07"，单击右边"采集"向下的箭头，选择"教学平台图片/PDF"，如图2-16-4所示。

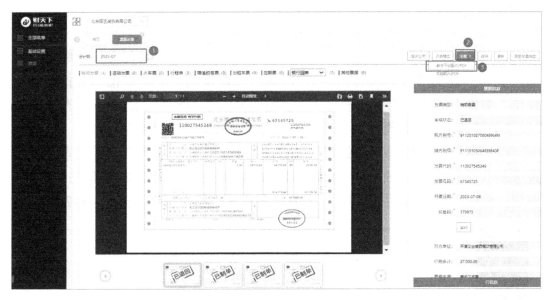

图2-16-4 采集教学平台图片

（3）在弹出的"发票详细信息"对话框中，选择本任务的单据，点击"确定"按钮，如图2-16-5所示。

田艺装饰公司7月待摊费用明细表				
内容	费用总额	开始摊销月份	结束摊销月份	本月摊销金额
仓储费	5,000.00	2023年7月	2023年9月	1,666.67

图2-16-5 选中单据"待摊费用明细表"

（4）系统弹出"共上传1条数据"对话框，对话框显示上传的"待摊费用明细表"自动归类到"行程单"类别，如图2-16-6所示，点击"关闭"按钮。

图2-16-6 "共上传1条数据"对话框

（二）"票据岗"员工对自动识别的票据进行人工校验

（1）检查单据系统的自动分类是否正确。本任务中"待摊费用明细表"自动归类到"行程单"，系统自动归类有误，需调整到"其他票据"。（找到"行程单"类别下的"待摊费用明细表"，点击右上角"调整发票类型"，在弹出的"发票类型调整"对话框中，选择正确的票据类型，点击"保存"。）

（2）审核"待摊费用明细表"。点击"其他票据"选项卡，找到本题采集进来的"待摊费用明细表"（单据状态为"未审核"），点击右下角的"审核"按钮，此时，"待摊费用明细表"下方状态变成"已审核"，如图2-16-7所示。

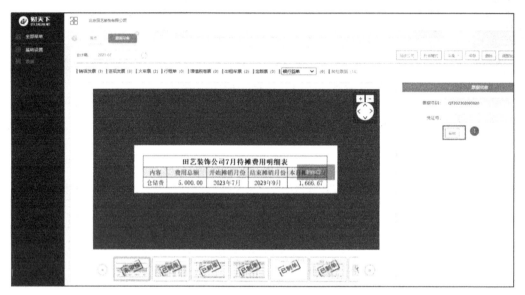

图2-16-7 审核"待摊费用明细表"

（三）"会计核算岗"员工手动编制记账凭证

（1）进入"财天下"系统，点击"凭证|新增凭证"，进入新增凭证界面。

（2）修改制单日期为"2023-07-31"，点击右上角"单据图片"，如图2-16-8所示。在弹出的"单据图片"对话框中，选择发票类型"其他发票"，点击查询。

图2-16-8 点击添加附件

（3）双击选中"待摊费用明细表"附件，此时附件张数变为1。依次填写记账凭证"摘要""会计科目""金额"，检查无误后，点击右上角"保存"，如图2-16-9所示。

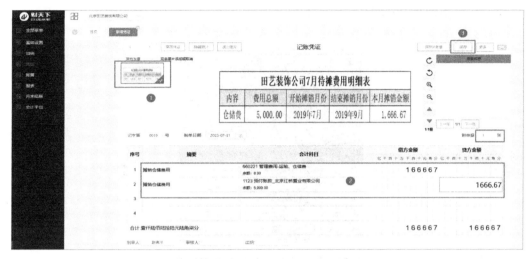

图2-16-9　新增摊销仓储费记账凭证

注："任务十六　摊销仓储费"是"任务一　预付仓储费"的后续摊销，月初预付，月末摊销。参照任务一中预付账款的明细科目可知，本任务中预付账款的明细科目为"北京红桥置业有限公司"。

八、课程学案

任务十六　摊销仓储费学案

班级		姓名		上课时间		任课教师	
本节课主要实训内容							
课堂笔记及知识点							
反思							

拓展：生成记账凭证后发现原始票据有问题的处理

（1）删除已生成的记账凭证。进入智能财税"财天下"，点击"凭证|凭证管理"，如图2-16-10所示。

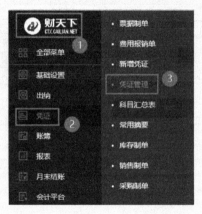

图2-16-10　进入"凭证管理"界面

在"凭证管理"界面，选择起始日期均为凭证所在的日期"2023-07至2023-07"，找到有误票据对应的"记账凭证"，勾选该"记账凭证"前面的小方框，在右上角"更多"下拉框中选择"批量删除"，即可删除该笔记账凭证，如图2-16-11所示。

图2-16-11　删除记账凭证

（2）对有误的票据进行"反审核"。进入智能财税"票天下"，点击"票据|票据采集"，找到有误的原始票据，点击右边票据信息的"反审核"，即可将已审核的票据反审核。如图2-16-12所示。

（3）修改有误的原始单据。修改有误的原始单据，修改完后，点击"保存""审核"，再重新自动生成/手动新增正确的记账凭证即可。

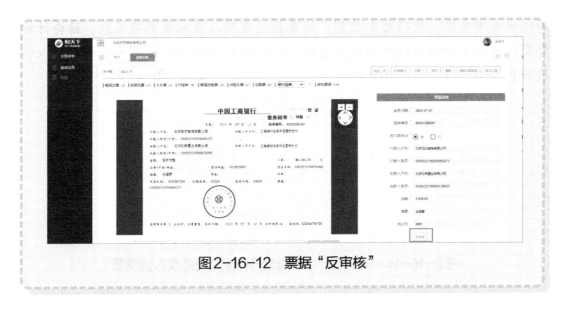

图2-16-12 票据"反审核"

课后练习

1. 7月10日，收到北京首尔紫霞门餐饮有限公司支付欠款23300.00元。请票据处理岗人员采集票据信息；请会计核算岗人员根据原始凭证生成记账凭证。收到北京首尔紫霞门公司款银行回单如图2-16-13所示。

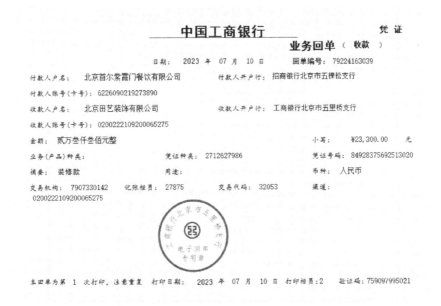

图2-16-13 收到北京首尔紫霞门公司款银行回单

2. 7月8日，北京田艺装饰有限公司按照合同完成了对北京欧雅贸易有限公司办公室的装修服务，合同约定装修服务费价税合计158950.00元，已开具增值税专用发票，款项暂未收到。请票据处理岗人员采集票据信息；请会计核算岗人员根据原始凭证生成记账凭证。确认对北京欧雅贸易有限公司的收入情境如图2-16-14所示。北京欧雅贸易有限公司装修合同如图2-16-15所示。

图2-16-14　确认对北京欧雅贸易有限公司的收入情境图

装修工程　合同

（ 2023 ）第 14 号

甲方	北京欧雅贸易有限公司	乙方	北京田艺装饰有限公司
地址	北京市西城区新街口外大街8号	地址	北京市朝阳区五里桥二街1号院7号楼
电话	010-62680087	电话	010-56072265
联系人	李丽	联系人	赵田艺

甲方签章：

日期：2023 年06月08 日

乙方签章：

日期：2023 年06月08 日

图2-16-15　北京欧雅贸易有限公司装修合同

注：本题采集的合同系统自动分类到"银行回单"，系统自动分类有误，需要调整发票类型至"其他票据"。

3. 7月21日，北京田艺装饰有限公司按照合同完成了对北京浩清会计师事务所（普通合伙）的室内设计服务，合同约定设计服务费价税合计7100.00元，已开具增值税电子普通发票，款项暂未收到。请票据处理岗人员采集票据信息；请会计核算岗人员根据原始凭证生成记账凭证。确认对北京浩清会计师事务所（普通合伙）的收入情境如图2-16-16所示。北京浩清事务所室内设计服务合同如图2-16-17所示。

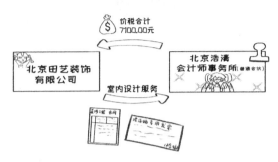

图2-16-16　确认对北京浩清会计师事务所（普通合伙）的收入情境图

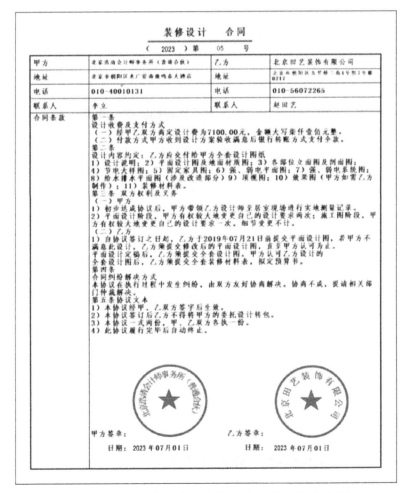

图2-16-17　北京浩清事务所室内设计服务合同

4. 7月22日，收到天津艾丝碧西餐饮管理公司、北京欧雅贸易有限公司支付欠款共计185950.00元。请票据处理岗人员采集票据信息；请会计核算岗人员根据原始凭证生成记账凭证。相应的收款凭证如图2-16-18、图2-16-19所示。

中国工商银行 凭证

业务回单（ 收款 ）

日期：2023 年 07 月 22 日　　回单编号：67751101682

付款人户名： 天津艾丝碧西餐饮管理公司　　付款人开户行： 交通银行天津市红桥支行

付款人账号（卡号）：1100687095735035

收款人户名： 北京田艺装饰有限公司　　收款人开户行： 工商银行北京市五里桥支行

收款人账号（卡号）：0200222109200065275

金额： 贰万柒仟元整　　　　　　　　　　　小写： ¥27,000.00 元

业务(产品)种类：　　　　凭证种类： 0907138227　　凭证号码： 57984497005020366

摘要： 装修款　　　用途：　　　　　　　　币种： 人民币

交易机构： 4192841382　　记账柜员： 09820　　交易代码： 57632　　渠道：

0200222109200065275

本回单为第 1 次打印，注意重复．打印日期： 2023 年 07 月 22 日 打印柜员:6　验证码：578548120157

图2-16-18　收天津艾丝碧西款银行回单

中国工商银行 凭证

业务回单（ 收款 ）

日期：2023 年 07 月 22 日　　回单编号：12515302571

付款人户名： 北京欧雅贸易有限公司　　付款人开户行： 工商银行北京市六铺炕支行

付款人账号（卡号）：0200022319006834823

收款人户名： 北京田艺装饰有限公司　　收款人开户行： 工商银行北京市五里桥支行

收款人账号（卡号）：0200222109200065275

金额： 壹拾伍万捌仟玖佰伍拾元整　　　　　小写： ¥158,950.00 元

业务(产品)种类：　　　　凭证种类： 1779356226　　凭证号码： 65595678006902507

摘要： 装修款　　　用途：　　　　　　　　币种： 人民币

交易机构： 6054969482　　记账柜员： 18442　　交易代码： 75244　　渠道：

0200222109200065275

本回单为第 1 次打印，注意重复．打印日期： 2023 年 07 月 22 日 打印柜员:7　验证码：654760930155

图2-16-19　收北京欧雅贸易款银行回单

模块三

月末结转和结账

月末结转和结账流程如图3-0-1所示。

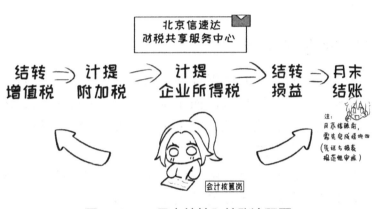

图3-0-1　月末结转和结账流程图

任务一　结转增值税

一、学习目标

知识目标：掌握月末结转增值税的会计处理。

能力目标：能在智能财税平台上通过预置结转方案自动计算本月"应交税费——应交增值税"科目期末余额；能通过系统自动生成结转增值税凭证。

素养目标：提高增值税涉税风险和防范意识，提高会计职业素养。

二、知识准备

月末结转增值税的处理如下。

（1）当销项税＞进项税时，会计处理如图3-1-1所示。

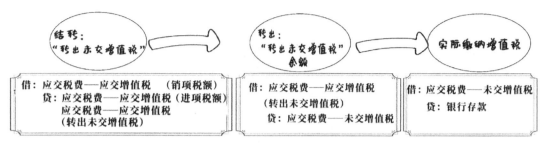

图3-1-1　销项税大于进项税时的会计处理

（2）当销项税＜进项税时，可暂不做处理。

拓展：增值税涉税风险防范

　　涉税风险是指因企业的涉税行为未能正确有效地遵守税法规定而导致企业未来利益的可能损失。简单地说，一是该缴的税没缴：根据税收法律法规规定，企业应纳税而未纳税、少纳税，导致的后果是面临补税、罚款、加收滞纳金、刑罚处罚和纳税信用受损等风险；二是不该缴的税却缴了：企业不了解税法相关规定，未能用足相关税收优惠政策，多缴纳了税款，导致的后果是给企业增加了税收负担，使企业利益受损。不论哪种情况，涉税风险的最终结果都是增加了企业税收负担，损害了企业利益。

　　增值税涉税风险防范主要有以下几个方面：①合理确定纳税人的身份；②准确区分可抵扣进项税；③正确计算增值税销项税；④合法合规取得专用发票。倒买倒卖、虚开增值税专用发票已经涉及犯罪，企业需要引起高度重视，在不参与非法购买或虚开专票的同时，还需要加强对取得专票环节的管理。一是对供货单位进行必要的审查，主要从其经营范围、经营规模、生产能力、企业资质和货物的所有权等方面进行，一旦发现提供的货物有异常，需进一步核实，如有必要可以中断交易；二是对公付款尽可能通过银行转账，这是规避虚开专票风险的有效途径之一，如果发现付款的银行账户与发票注明信息不符，则需审查是否有作弊的可能；三是对于取得的存在疑点的发票，应当暂缓抵扣进项税额，通过自行审查或向主管税务机关求助、查证等方式，核实发票的性质、来源和真实性后再进行处理。

三、任务情境

2023年7月31日，根据公司财务制度规定应将每月"应交税费——应交增值税"科目发生额结平，手动新增"应交税费——应交增值税"结平记账凭证，请会计核算岗人员结转本月增值税并生成一张记账凭证。结转未交增值税情境如图3-1-2所示。

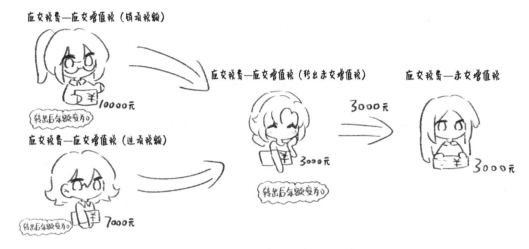

图3-1-2　结转未交增值税情境图

四、任务要求

共享中心"会计核算岗"员工结转本月增值税并进行业务制单，具体要求如下：

（1）"会计核算岗"员工手动新增结平"应交税费——应交增值税"科目的记账凭证；

（2）"会计核算岗"员工利用系统预置结转方案，自动计算本月"应交税费——应交增值税"科目期末余额；

（3）"会计核算岗"员工利用系统预置结转方案，自动生成结转本月增值税记账凭证。

五、任务设计

（一）任务形式

（1）学生在课堂上根据操作步骤独立完成；

（2）同桌同学互相审核结平"应交税费——应交增值税"科目的记账凭证，并在评价表上进行评分；

（3）企业导师审核计算的"应交税费——应交增值税"期末余额和生成的结转记账凭证，并在评价表上进行评分；

（4）教师就学生对同桌的评价、学生训练态度进行评分。

（二）任务评价

本次任务采用同学评价、企业导师评价和教师评价相结合的形式，具体见表3-1-1。

表3-1-1　结转增值税任务评价表

班级：　　　　　姓名：　　　　　学号：

评价项目	分值/分	评分/分	备注
结平记账凭证	40		同学评价
"应交税费——应交增值税"期末余额	20		企业导师评价
结转记账凭证	20		企业导师评价
给同学评价	10		教师评价
训练态度	10		教师评价
合计	100		

六、操作步骤

（一）"会计核算岗"员工结平"应交税费——应交增值税"科目发生额

（1）查询"应交税费——应交增值税"科目的本月发生额。"财天下"系统中，单击"账簿|科目明细账"，打开"科目明细账"选项卡，如图3-1-3所示。

（2）修改日期为"2023-07"，在右边的科目列表中勾选"应交税费——应交增值税"的最末级科目"应交税费——应交增值税——进项税额"和"应交税费——应交增值税——销项税额"，左边会显示选中科目本月发生的所有业务，点击"蓝色凭证号"，即可以查看每笔凭证，如图3-1-4所示。通过查询可知，"应交税费——应交增值税——进项税额"本月借方发生额为7891.32元（其中旅客运输91.32元），"应交税费——应交增值税——销项税额"本月贷方发生额为15755.56元。

图3-1-3 进入"科目明细账"界面

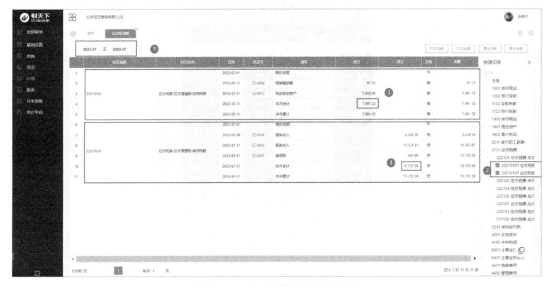

图3-1-4 查询科目明细账

（3）手动新增结平"应交税费——应交增值税"本月发生额的记账凭证。进入"财天下"系统，点击"凭证|新增凭证"，进入新增凭证界面。修改制单日期为"2023-07-31"，依次填写记账凭证"摘要""会计科目""金额"，检查无误后，点击右上角"保存"，如图3-1-5所示。

（二）"会计核算岗"员工利用系统自动计算"应交税费——应交增值税"科目期末余额

（1）在"财天下"系统中，单击"月末结账|月末结转"，打开"月末结转"选项卡，如图3-1-6所示。

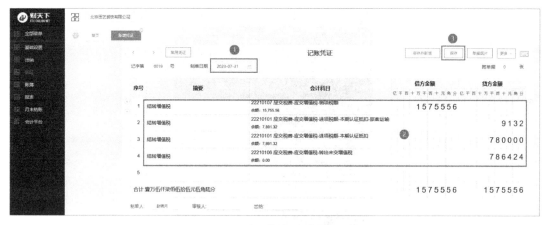

图3-1-5 新增结平增值税凭证

图3-1-6 进入"月末结转"界面

（2）在"预置结转方案"选项卡界面，选择"会计期"为"2023-07"，找到预置结转方案"结转未交增值税"，点击"计算"，系统即可自动计算出"应交税费——应交增值税"科目期末余额，如图3-1-7所示。

注：系统"预置结转方案"的取数逻辑可以通过点击右上方的"$\square$"来查看，如图3-1-8、图3-1-9所示。

（三）"会计核算岗"员工通过系统预置结转方案，自动生成结转本月增值税记账凭证

（1）点击预置结转方案"结转未交增值税"下方的"生成凭证"，系统会自动生成记账凭证，如图3-1-10所示。

图3-1-7 计算"应交税费——应交增值税"科目期末余额

图3-1-8 点击"结转未交增值税"预置结转方案

图3-1-9 "结转未交增值税"预置结转方案取数逻辑

（2）查看所生成的凭证。点击预置结转方案"结转未交增值税"下方的"查看凭证"可查看所生成的结转凭证；点击"重新计算"可重新计算金额（此时会同时删除之前已经生成的结转凭证），如图3-1-11所示。

图3-1-10　生成凭证

图3-1-11　查看凭证或重新计算金额

七、课程学案

任务一　结转增值税学案

班级		姓名		上课时间		任课教师	
本节课主要实训内容							
课堂笔记及知识点							
反思							

任务二　计提附加税

一、学习目标

知识目标：掌握附加税的内容、税率、税额及计提附加税的会计分录。

能力目标：能在智能财税平台上通过预置结转方案自动计算本月"附加税"；能通过系统自动生成计提附加税凭证。

素养目标：税收取之于民，用之于民。培养学生形成个人、企业命运与祖国命运休戚相关的认识，自觉维护、执行好相关制度，培养民族自信和制度自信。

二、知识准备

1. 附加税的内容

附加税包括城市维护建设税、教育费附加、地方教育附加和水利建设基金。本任务只考虑前三项。

2. 附加税的税率

附加税的税率如表3-2-1所示。

表3-2-1　附加税税率

税种	税率/%	备注
城市维护建设税	7	针对在市区的纳税人
	5	针对在县城、镇的纳税人
	1	针对不在以上地区的纳税人
教育费附加	3	—
地方教育附加	2	—
水利建设基金	1	—

3. 附加税的税额计算

附加税是在征收增值税、消费税的时候同时征收的。

企业当期应纳的城建税＝（增值税＋消费税）×企业对应的城建税税率（7%/5%/1%）

企业当期应纳的教育费附加＝（增值税＋消费税）×3%

企业当期应纳的地方教育附加＝（增值税＋消费税）×2%

企业当期应纳的水利建设教育费附加＝（增值税＋消费税）×1%

4. 计提附加税的会计分录

借：税金及附加——城市维护建设税

　　　　　　——教育费附加

　　　　　　——地方教育附加

　　贷：应交税费——应交城市维护建设税

　　　　　　——应交教育费附加

　　　　　　——应交地方教育附加

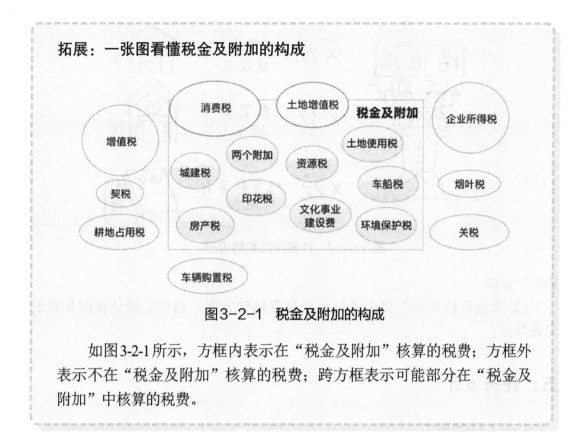

拓展：一张图看懂税金及附加的构成

图3-2-1　税金及附加的构成

如图3-2-1所示，方框内表示在"税金及附加"核算的税费；方框外表示不在"税金及附加"核算的税费；跨方框表示可能部分在"税金及附加"中核算的税费。

5.税收的用途

税收取之于民，用之于民。教育费附加是国家为扶持教育事业发展，计征用于教育的政府性基金；地方教育附加是指根据国家有关规定，为实施"科教兴省"战略，增加地方教育的资金投入，促进各省、自治区、直辖市教育事业发展开征的一项地方政府性基金。每一种税收都有它的用途，国家要发展、城市要建设、义务教育开支等等都靠这些税收，税收取之于民用之于民。

三、任务情境

2023年7月31日，会计核算岗人员计提附加税。计提附加税情境如图3-2-2所示。

四、任务要求

共享中心"会计核算岗"员工计算附加税并进行业务制单，具体要求如下：
（1）"会计核算岗"员工通过系统预置结转方案，自动计算计提的本月"附

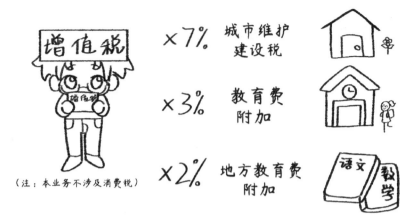

图3-2-2　计提附加税情境图

加税"金额;

（2）"会计核算岗"员工通过系统预置结转方案，自动生成计提附加税的记账凭证。

五、任务设计

（一）任务形式

（1）学生在课堂上根据操作步骤独立完成;

（2）同桌同学互相审核计算的本月"附加税"金额，并在评价表上进行评分;

（3）企业导师审核生成的计提附加税记账凭证，并在评价表上进行评分;

（4）教师就学生对同桌的评价、学生训练态度进行评分。

（二）任务评价

本次任务采用同学评价、企业导师评价和教师评价相结合的形式，具体见表3-2-2。

表3-2-2　计提附加税评价表

班级:　　　　姓名:　　　　学号:

评价项目	分值/分	评分	备注
"附加税"金额	40		同学评价
记账凭证	40		企业导师评价
给同学评价	10		教师评价
训练态度	10		教师评价
合计	100		

六、操作步骤

（一）"会计核算岗"员工计算本月"附加税"金额

（1）在"财天下"系统中，单击"月末结账|月末结转"，打开"月末结转"选项卡，如图3-2-3所示。

图3-2-3　进入"月末结转"界面

（2）在"预置结转方案"选项卡界面，选择"会计期"为"2023年7月"，找到预置结转方案"计提税金及附加"，点击"计算"，系统即可自动计算出本月"附加税"，如图3-2-4所示。

图3-2-4　计算"附加税"

注：①如果自动计算出来的金额有误，则可以通过点击右上方的"⟋"来查看取数逻辑，进而根据取数来源科目查看科目明细账，顺藤摸瓜找出有误的记账凭证并改正。

②"附加税"是根据"应交税费——应交增值税"金额计算的，因此必须先完成本模块

"任务一 结转增值税"（生成结转凭证），才能开始"任务二 计提附加税"；如果"任务一 结转增值税"有修改，则"任务二 计提附加税"也要重新计算。（易错点）

（二）"会计核算岗"员工通过系统预置结转方案，自动生成记账凭证

（1）点击预置结转方案"计提税金及附加"下方的"生成凭证"，系统会自动生成记账凭证，如图3-2-5所示。

图3-2-5 生成"计提附加税"凭证

（2）查看所生成的凭证。点击预置结转方案"计提税金及附加"下方的"查看凭证"可查看所生成的计提凭证；点击"重新计算"可重新计算金额（此时会同时删除之前已经生成的结转凭证），如图3-2-6所示。

图3-2-6 查看凭证或重新计算金额

七、课程学案

任务二 计提附加税学案

班级		姓名		上课时间		任课教师	
本节课主要实训内容							
课堂笔记及知识点							
反思							

任务三 计提企业所得税

一、学习目标

知识目标：掌握小型微利企业的判断标准、实际税率和计提企业所得税的会计分录。

能力目标：能在智能财税平台上通过预置结转方案自动计算本月企业所得税金额；能手动新增计提企业所得税的凭证。

素养目标：理解企业所得税公平与效率兼顾、鼓励高新技术企业、支持小微企业发展的政策取向；依法纳税是企业最重要的社会责任，树立学生依法纳税意识。

二、知识准备

小型微利企业，是指从事国家非限制和禁止行业，且同时符合年度应纳税所得额不超过300万元、从业人数不超过300人、资产总额不超过5000万元等3个条件的企业。

小微企业企业所得税税收政策如下。

《财政部　税务总局关于实施小微企业普惠性税收减免政策的通知》（财税〔2019〕13号）规定：对小型微利企业年应纳税所得额不超过100万元的部分，减按25%计入应纳税所得额，按20%的税率缴纳企业所得税（即按5%纳税）。

《财政部　税务总局关于进一步实施小微企业所得税优惠政策的公告》（执行期限为2022年1月1日至2024年12月31日）规定：对小型微利企业年应纳税所得额超过100万元但不超过300万元的部分，减按25%计入应纳税所得额，按20%的税率缴纳企业所得税（即按5%纳税）。

综上，应税所得额300万内都是按照5%征收企业所得税。

计提附加税的会计分录如下。

借：所得税费用

　　贷：应交税费——应交所得税

依法纳税是企业最重要的社会责任。企业社会责任概念最早由西方发达国家提出，主要表现为企业对股东及利益相关者的社会责任、对员工的社会责任、对环境的责任、纳税的责任、捐款的社会责任、自身健康发展的社会责任、对消费者的社会责任等。这些社会责任要求企业必须超越把利润作为唯一目标的传统理念，强调要在生产过程中对人的价值的关注，强调对消费者、对环境、对社会的贡献，而其中最重要一点就是依法纳税。

三、任务情境

2023年7月31日，会计核算岗人员计提本月企业所得税。计提企业所得税情境如图3-3-1所示。

图3-3-1　计提企业所得税情境图

四、任务要求

共享中心"会计核算岗"员工计算本月企业所得税并生成记账凭证，具体要求如下：

（1）"会计核算岗"员工计算本月企业所得税金额；

（2）"会计核算岗"员工手动新增计提本月企业所得税的记账凭证。

五、任务设计

（一）任务形式

（1）学生在课堂上根据操作步骤独立完成；

（2）同桌同学互相审核计算的本月"企业所得税"金额，并在评价表上进行评分；

（3）企业导师审核计提本月企业所得税记账凭证，并在评价表上进行评分；

（4）教师就学生对同桌的评价、学生训练态度进行评分。

（二）任务评价

本次任务采用同学评价、企业导师评价和教师评价相结合的形式，具体见表3-3-1。

表3-3-1 计提企业所得税评价表

班级： 姓名： 学号：

评价项目	分值/分	评分/分	备注
"企业所得税"金额	40		同学评价
记账凭证	40		企业导师评价
给同学评价	10		教师评价
训练态度	10		教师评价
合计	100		

六、操作步骤

（一）"会计核算岗"员工计算本月"企业所得税"金额

（1）查询本月"利润总额"。在"财天下"系统中，单击"报表|财务报

表",打开"财务报表"选项卡,如图3-3-2所示。

图3-3-2 进入"财务报表"界面

(2)在"财务报表"选项卡界面,选择"会计期间"为"2023年7月",点击"利润表",可查询到本月"利润总额"为92406.30元,如图3-3-3所示。

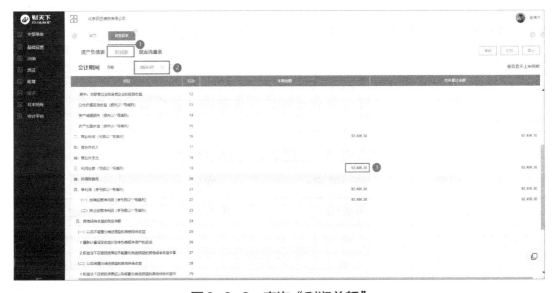

图3-3-3 查询"利润总额"

(3)计算本月企业所得税金额。本月企业所得税=利润总额92406.30×5%(即:25%×20%)=4620.32(元)。

(二)"会计核算岗"员工手动编制记账凭证

(1)进入"财天下"系统,点击"凭证|新增凭证",进入新增凭证界面。

(2)修改制单日期为"2023-07-31",依次填写记账凭证"摘要""会计科目""金额",检查无误后,点击右上角"保存",如图3-3-4所示。

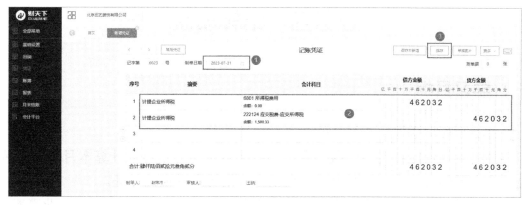

图3-3-4 新增计提企业所得税记账凭证

七、课程学案

任务三 计提企业所得税学案

班级		姓名		上课时间		任课教师	
本节课主要实训内容							
课堂笔记及知识点							
反思							

任务四　结转损益

一、学习目标

知识目标：掌握结转损益的含义及会计分录。

能力目标：能在智能财税平台上通过预置结转方案自动计算本月收入结转金额和费用结转金额；能通过系统自动生成结转本月损益凭证。

素养目标：了解结转损益的目的，培养管理会计思维，提高会计职业素养。

二、知识准备

结转损益是指在期末（月末、季末、年末），损益类科目的余额将全部结转到"本年利润"中，结转后，损益类科目余额为零的过程。

结转损益会计分录如下。

① 结转收入类科目

借：主营业务收入

　　其他业务收入

　　营业外收入

　　其他收益

　　贷：本年利润

② 结转费用类科目

借：本年利润

　　贷：主营业务成本

　　　　其他业务成本

　　　　税金及附加

　　　　管理费用

　　　　销售费用

　　　　财务费用

　　　　营业外支出

　　　　投资收益

　　　　信用减值损失

　　　　资产减值损失

　　　　所得税费用等

结转损益主要有两个目的：①调平资产负债表，只有结转损益才能将资产负债表调平；②将支出和收入结转为利润，了解本会计期间的盈亏，以便管理层了解公司经营状况，调整发展战略。

三、任务情境

2023年7月31日，请会计核算岗人员结转本月损益。结转损益情境如图3-4-1所示。

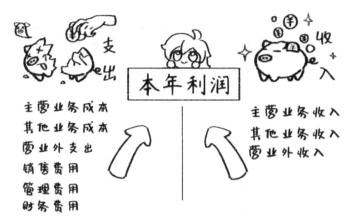

图3-4-1　结转损益情境图

四、任务要求

共享中心"会计核算岗"员工计算本月损益结转金额并生成结转凭证，具体要求如下：

（1）"会计核算岗"员工通过系统预置结转方案，自动计算本月收入结转金额和费用结转金额；

（2）"会计核算岗"员工通过系统预置结转方案，自动生成结转本月损益的记账凭证。

五、任务设计

（一）任务形式

（1）学生在课堂上根据操作步骤独立完成；

（2）同桌同学互相审核计算的本月收入结转金额和费用结转金额，并在评价表上进行评分；

（3）企业导师审核生成的结转本月损益记账凭证，并在评价表上进行评分；

（4）教师就学生对同桌的评价、学生训练态度进行评分。

（二）任务评价

本次任务采用同学评价、企业导师评价和教师评价相结合的形式，具体见表3-4-1。

表3-4-1　结转损益评价表

班级：　　　　　姓名：　　　　　学号：

评价项目	分值/分	评分/分	备注
"收入结转"金额	30		同学评价
"费用结转"金额	30		同学评价
记账凭证	20		企业导师评价
给同学评价	10		教师评价
训练态度	10		教师评价
合计	100		

六、操作步骤

（一）"会计核算岗"员工计算本月损益结转金额

（1）在"财天下"系统中，单击"月末结账|月末结转"，打开"月末结转"选项卡，如图3-4-2所示。

图3-4-2　进入"月末结转"界面

（2）在"预置结转方案"选项卡界面，选择"会计期"为"2023年7月"，找到预置结转方案"损益结转"，点击"计算"，系统即可自动计算出本月收入结转金额和费用结转金额，如图3-4-3所示。

图3-4-3　计算收入结转金额和费用结转金额

（二）"会计核算岗"员工通过系统预置结转方案，自动生成记账凭证

（1）点击预置结转方案"损益结转"下方的"生成凭证"，系统会自动生成记账凭证，如图3-4-4所示。

图3-4-4　生成"损益结转"凭证

（2）查看所生成的凭证。点击预置结转方案"损益结转"下方的"查看凭证"可查看所生成的计提凭证；点击"重新计算"可重新计算金额（此时会同时删除之前已经生成的结转凭证），如图3-4-5所示。

图3-4-5 查看凭证或重新计算金额

注：月末结转一定要注意结转的顺序，否则容易导致计算的数据错误。①先生成"结转未交增值税"的凭证，才能计提"税金及附加"；②所有"损益类"业务处理完毕后，才能做"损益结转"。如果前一个步骤有修改，则下一个步骤也要重新计算，如图3-4-6所示。（易错点）

图3-4-6 月末结转顺序

七、课程学案

任务四 结转损益学案

班级		姓名		上课时间		任课教师	
本节课主要实训内容							
课堂笔记及知识点							
反思							

任务五 月末结账

一、学习目标

知识目标：掌握月末结账的目的以及智能财税系统月末检查结账时检查的8项内容。

能力目标：能在智能财税平台上通过系统进行月末检查结账。

素养目标：一个好的财务一定是懂业务的，树立学生业财融合意识，向管理会计转型。

二、知识准备

月末结账是将当月数据经过处理后结转至下月。月末结账每月进行一次，结账后当期的数据不能修改。

智能财税系统月末结账时将对以下8项内容进行检查。

（1）期初余额检查：期初余额试算是否平衡、年初余额试算是否平衡；损益类科目是否存在期初/年初余额。

（2）暂存凭证检查：本月是否存在暂存凭证。

（3）本月的凭证数及审核情况检查：本月未审核凭证。

（4）凭证断号及序时检查：本月凭证是否存在断号。

（5）损益结转检查：损益科目结转情况。

（6）现金流量表检查：本期金额、本年累计是否平衡。

（7）报表审核检查：资产负债表、利润表、现金流量表是否审核。

（8）出纳签字检查：是否存在出纳未签字凭证。

注：①月末结账时，系统自动判断生成结转以前年度损益调整的凭证，无须手动结转。②年末结账时，系统自动判断生成结转本年利润的凭证，无须手动结转。

拓展：财务懂业务，要懂到什么程度呢？如何实现业财融合？

华为财经对财务人员提出了"五懂"的要求：懂项目、懂合同、懂产品、懂会计、懂绩效。财务人员如果能做到这五懂，实际已经蜕变为一个经营管理人员了。华为对财务人员"五懂"的要求放到其他企业财务人员身上也是成立的。

业财融合：站在财务角度，首先要做到流程上财务可视，财务要有说话的机会；其次，财务要参与到业务流程中去，了解合同、了解产品、了解客户，知道该说什么话。站在业务角度，要时刻树立利润与现金流至上的理念，能正确理解财务结果导向，能识别财务风险。业财融合只有同时对业务与财务提融合要求，才能较好地实现业财互信与理解。以此为基础，业财融合才有可能实现。

三、任务情境

2023年7月31日，请会计核算岗人员进行月末结账。月末结账情境如图3-5-1所示。

四、任务要求

共享中心"会计核算岗"员工通过"财天下"系统月末结账模块，自动进行月末结账。

图3-5-1　月末结账情境图

五、任务设计

（一）任务形式

（1）学生在课堂上根据操作步骤独立完成；

（2）企业导师审核月末结账情况，并在评价表上进行评分；

（3）教师对学生训练态度进行评分。

（二）任务评价

本次任务采用企业导师评价和教师评价相结合，具体见表3-5-1。

表3-5-1　月末结账评价表

班级：　　　　　　姓名：　　　　　　学号：

评价项目	分值/分	评分/分	备注
月末结账情况	70		企业导师评价
训练态度	30		教师评价
合计	100		

六、操作步骤

（1）在"财天下"系统中，单击"月末结账|月末结账"，打开"月末结账"选项卡，如图3-5-2所示。

（2）选择结账期间"2023年7月"，点击中部的"月末检查结账"，系统自动结账至下月，如图3-5-3所示。

注：月末检查结账时，将对8项内容进行检查，如果检查有误，结账过程中会出现结账不成功提示，根据提示去解决即可。

图3-5-2　进入"月末结账"界面

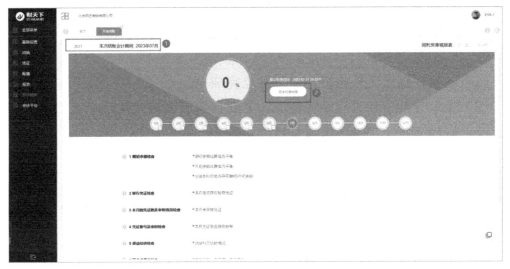

图3-5-3　月末结账图

七、课程学案

任务五　月末结账学案

班级		姓名		上课时间		任课教师	
本节课主要实训内容							
课堂笔记及知识点							
反思							

模块四

凭证与报表规范性审核

凭证与报表规范性审核流程如图4-0-1所示。

图4-0-1 凭证与报表规范性审核流程图

任务一 审核记账凭证

一、学习目标

知识目标：掌握记账凭证审核的主要内容。

能力目标：能在智能财税平台上查询当月记账凭证、审核记账凭证。

素养目标：养成严谨细致的工作作风，培养良好的职业习惯。

二、知识准备

记账凭证是登记账簿的依据，为了保证账簿记录的正确性以及整个会计信息的质量，记账前必须由专人对已编制的记账凭证进行认真、严格的审核。记账凭证的审核内容主要包括：

（1）内容是否真实：记账凭证是否有原始凭证为依据，所附原始凭证或原始凭证汇总表的内容与记账凭证的内容是否一致。

（2）项目是否齐全：记账凭证各项目的填写是否齐全，如日期、凭证编号、摘要、会计科目、金额、所附原始凭证张数及有关人员签章等。

（3）科目是否正确：记账凭证的应借、应贷科目以及对应关系是否正确。

（4）金额是否正确：记账凭证所记录的金额与原始凭证的有关金额是否一致，计算是否正确。

（5）书写是否规范：记账凭证中的记录是否文字工整、数字清晰，是否按规定进行更正等。

（6）手续是否完备：出纳人员在办理收款或付款业务后，是否已在原始凭证上加盖"收讫"或"付讫"的戳记。

拓展：作为一个会计，要有多细心？

做会计需要非常严谨细致。会计人员的错误可能直接导致公司经济上的损失，严重面甚至会被追究法律责任。然而很多错误往往只是因为一些遗漏或者操作失误，完全可以通过仔细检查来纠错和避免。

细心是可以后天练成的。比如说发票容易开错，那就做到边输入边检查，多检查几遍，前期对自己不够信任可以检查无误后再请同事帮忙检查；有些工作容易遗忘，好记性不如烂笔头，把每天或者每个月要做的事情都写下来，并按照轻重缓急排序，把有截止日期的工作标注好，贴在明显的地方，做完一个就划掉一个；月底结账发现账不平，就要从源头阻止事情的发生，保证每一日的每一笔收支都准确无误，不要等到最后结账日再统一清算。

如果不想再听到"账不平"这句话，就要从问题根源改变，成为一个严谨细致的会计人！

三、任务情境

2023年7月31日，请管家复核岗人员审核7月份经济业务形成的记账凭证。审核记账凭证情境如图4-1-1所示。

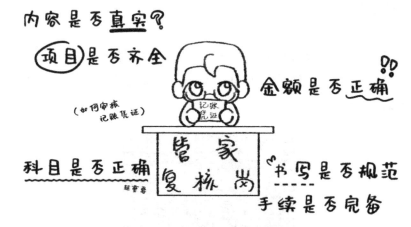

图4-1-1　审核记账凭证情境图

四、任务要求

共享中心"管家复核岗"员工审核本月经济业务形成的所有记账凭证。

五、任务设计

（一）任务形式

（1）学生在课堂上根据操作步骤独立完成；

（2）企业导师审核学生的凭证审核情况，并在评价表上进行评分；

（3）教师就学生训练态度进行评分。

（二）任务评价

本次任务采用企业导师评价和教师评价相结合的形式，具体见表4-1-1。

表4-1-1　审核记账凭证评价表

班级：　　　　　姓名：　　　　　学号：

评价项目	分值/分	评分	备注
记账凭证审核情况	80		企业导师评价
训练态度	20		教师评价
合计	100		

六、操作步骤

"管家复核岗"员工审核本月经济业务形成的所有的记账凭证。

（1）在"财天下"系统中，单击"凭证|凭证管理"，打开"凭证管理"选项卡，如图4-1-2所示。

图4-1-2 进入"凭证管理"界面

（2）查询本月所有记账凭证。修改会计期间为" 2023-07 至 2023-07 "，查询2023年7月所有经济业务生成的记账凭证，如图4-1-3所示。

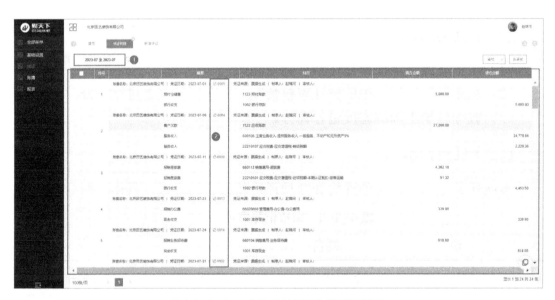

图4-1-3 查询当月所有记账凭证

（3）审核记账凭证。点击每一笔凭证的凭证号（蓝色），打开相应的凭证。审核无误后，点击右上角的"审核"按钮，即可完成该笔凭证的审核，如图4-1-4所示。同样的步骤，依次审核完本月所有记账凭证。

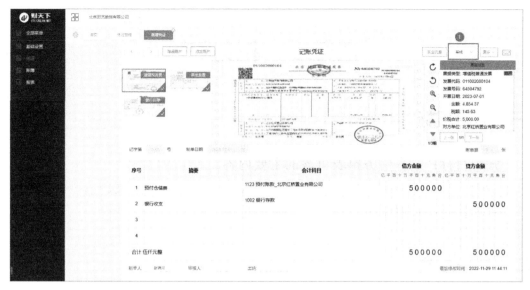

图4-1-4 审核记账凭证

七、课程学案

任务一 审核记账凭证学案

班级		姓名		上课时间		任课教师	
本节课主要实训内容							
课堂笔记及知识点							
反思							

任务二　审核报表

一、学习目标

知识目标：掌握财务报表审核的主要内容。

能力目标：能在智能财税平台上查询及审核当月财务报表。

素养目标：启发学生思考，培养发散思维。

二、知识准备

财务报表是指企业对外提供的反映企业某一特定日期的财务状况和某一会计期间的经营成果、现金流量等会计信息的文件。它包括资产负债表、利润表、现金流量表、所有者权益表及其附注和其他应当在财务报表中披露的相关信息和资料。

财务报表审核是保证会计信息质量的一项重要措施。企业会计报表编制完成后，在报送之前，必须由单位会计主管和单位负责人进行复核。财务报表审核的内容主要包括：

（1）报表所列金额与账簿记录是否一致；

（2）报表的项目是否填列齐全；

（3）报表的各项数字计算是否正确；

（4）内容是否完整，相关报表之间有关数字的勾稽关系是否正确，衔接一致；

（5）会计报表的附注是否符合有关要求。

拓展：财务报表的使用者有哪些？

投资人、债权人、供应商、政府、雇员和工会等。

三、任务情境

2023年7月31日，请管家复核岗人员审核本月财务报表。审核报表情境如图4-2-1所示。

图4-2-1 审核报表情境图

四、任务要求

共享中心"管家复核岗"员工审核本月资产负债表、利润表以及现金流量表。

五、任务设计

（一）任务形式

（1）学生在课堂上根据操作步骤独立完成；
（2）企业导师审核学生的报表审核情况，并在评价表上进行评分；
（3）教师就学生训练态度进行评分。

（二）任务评价

本次任务采用企业导师评价和教师评价相结合的形式，具体见表4-2-1。

表4-2-1 审核报表评价表

班级: 姓名: 学号:

评价项目	分值/分	评分/分	备注
资产负债表审核情况	30		企业导师评价
利润表审核情况	30		企业导师评价
现金流量表审核情况	20		企业导师评价

续表

评价项目	分值/分	评分/分	备注
训练态度	10		教师评价
合计	100		

六、操作步骤

"管家复核岗"员工审核本月报表。

（1）在"财天下"系统中，单击"报表|财务报表"，打开"财务报表"选项卡，如图4-2-2所示。

图4-2-2　进入"财务报表"界面

（2）审核报表。修改会计期间为"2023-07"，审核资产负债表、利润表、现金流量表内的数据，审核无误后，点击右上角"审核"按钮，系统弹出"审核结果"，点击"关闭"完成审核，如图4-2-3、图4-2-4所示。

图4-2-3　审核资产负债表

图4-2-4 审核结果

注：如果报表审核后，发现前期记账凭证有误，此时需要先"反审核"报表，如图4-2-5 所示，再去修改有误的记账凭证。

图4-2-5 报表"反审核"

七、课程学案

任务二 审核报表学案

班级		姓名		上课时间		任课教师	
本节课主要实训内容							

续表

班级		姓名		上课时间		任课教师	
课堂笔记及知识点							
反思							

模块五

纳税申报

纳税申报流程如图5-0-1所示。

图5-0-1 纳税申报流程图

任务一 增值税、附加税纳税申报

一、学习目标

知识目标：掌握增值税、附加税的纳税申报时间和应补（退）税额计算。
能力目标：能通过智能财税平台"金税师"系统进行增值税、附加税申报。
素养目标：树立主动申报纳税意识，强化依法纳税意识。

二、知识准备

纳税人以1个月或者1个季度为1个纳税期的，自期满之日起15日内申报纳税；以1日、3日、5日、10日或者15日为1个纳税期的，自期满之日起5日内预缴税款，于次月1日起15日内申报纳税并结清上月应纳税款。

城建税、教育费附加、地方教育附加的申报期限与相对应的计税依据（增值税、消费税等）的税种的申报期限相同。

本期应补（退）税额计算如下。

增值税＝销项税额－进项税额＋期初未纳税额－本期已缴税额

城建税＝（增值税＋消费税）×7%－本期已缴税额

教育费附加＝（增值税＋消费税）×3%－本期已缴税额

地方教育附加＝（增值税＋消费税）×2%－本期已缴税额

纳税申报是《税收征收管理法》规定的纳税人义务，是法定义务，纳税人必须履行。

纳税申报一般在征收期间向税务机关提交《纳税申报表》纳税，提交本月税收相关数据，包括应纳税收入、应纳税各项税收，最终完成纳税申报。

如不按规定及时履行纳税申报义务，税务机关可按《税收征管法》第六十二条规定对纳税人开展处罚。纳税人未按规定期限办理纳税申报和提交纳税资料的，或者扣除义务人未按规定期限向税务机关提交扣除费、代理税申报表和相关资料的，由税务机关命令期限改正，可处2000元以下罚款；情况严重的，可处2000元以上1万元以下罚款。

三、任务情境

2023年7月31日，请涉税服务岗人员编制7月份增值税纳税申报表、附加税纳税申报表。增值税、附加税纳税申报情境如图5-1-1所示。

图5-1-1　增值税、附加税纳税申报情境图

四、任务要求

共享中心"涉税服务岗"员工通过"金税师"系统完成7月份增值税、附加税纳税申报表，具体要求如下：

（1）"涉税服务岗"员工完成7月份增值税纳税申报；

（2）"涉税服务岗"员工完成7月份附加税纳税申报。

五、任务设计

（一）任务形式

（1）学生在课堂上根据操作步骤独立完成；

（2）企业导师审核增值税申报及附加税申报，并在评价表上进行评分；

（3）教师就学生的训练态度进行评分。

（二）任务评价

本次任务采用企业导师评价和教师评价相结合的形式，具体见表5-1-1。

表5-1-1 增值税、附加税纳税申报评价表

班级：　　　　　姓名：　　　　　学号：

评价项目	分值/分	评分	备注
增值税纳税申报	40		企业导师评价
附加税纳税申报	40		企业导师评价
训练态度	20		教师评价
合计	100		

六、操作步骤

（一）增值税纳税申报

（1）打开"增值税纳税申报表"。进入"金税师"系统，点击"纳税工作台"选项卡。修改纳税日期为"2023-08"，点击并打开"增值税纳税申报表"，如图5-1-2所示。

注：增值税、附加税申报都是当月发生的业务在次月申报，所以7月增值税、附加税的申报日期为"8月"。

图5-1-2　打开"增值税纳税申报表"

（2）一键取数。点击"增值税纳税申报表"右上角的"一键取数"，系统会自动将"财天下"的增值税销项税额及进项税额数据填写进本表，如图5-1-3所示。

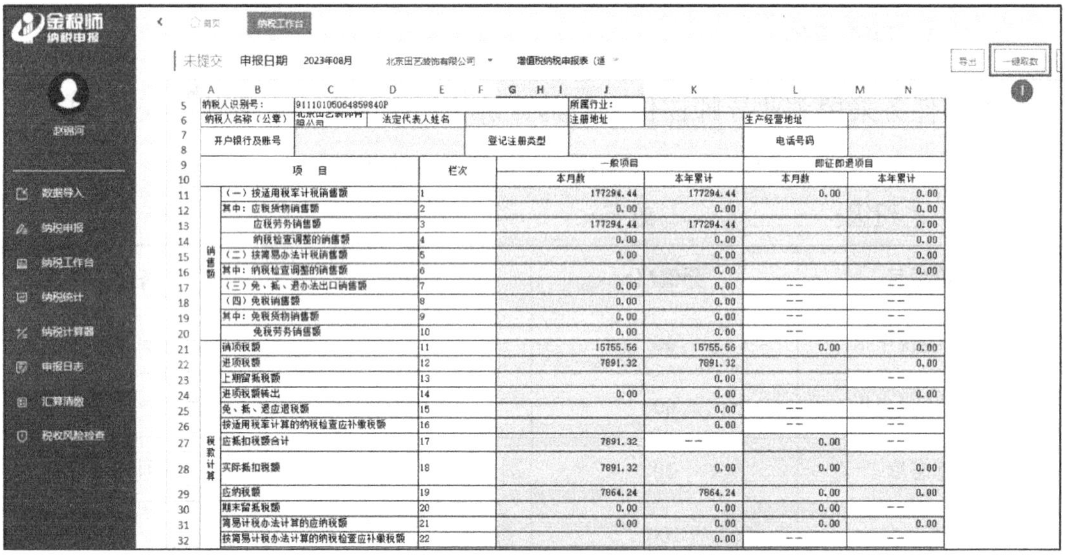

图5-1-3　"增值税纳税申报表"一键取数

（3）填写"期初未缴税额（多缴为负数）"。进入"财天下"系统，点击"账簿|科目明细账"，打开科目明细账选项卡。修改日期为"2023-07至2023-07"，在右边的科目列表中选择"应交税费——未交增值税"，可查询到"期初未缴税额"为8915.90元，如图5-1-4所示。将查询到的数据填写进"增值税纳税申报表"的"期初未缴税额（多缴为负数）"相应位置，点击右上角"保存"按钮，如图5-1-5所示。

（4）"增值税纳税申报表"检查无误后，点击右上角"审核|通过"，点击"申报"，即可完成增值税纳税申报，如图5-1-6所示。

图5-1-4 查询"应交税费——未交增值税"期初余额

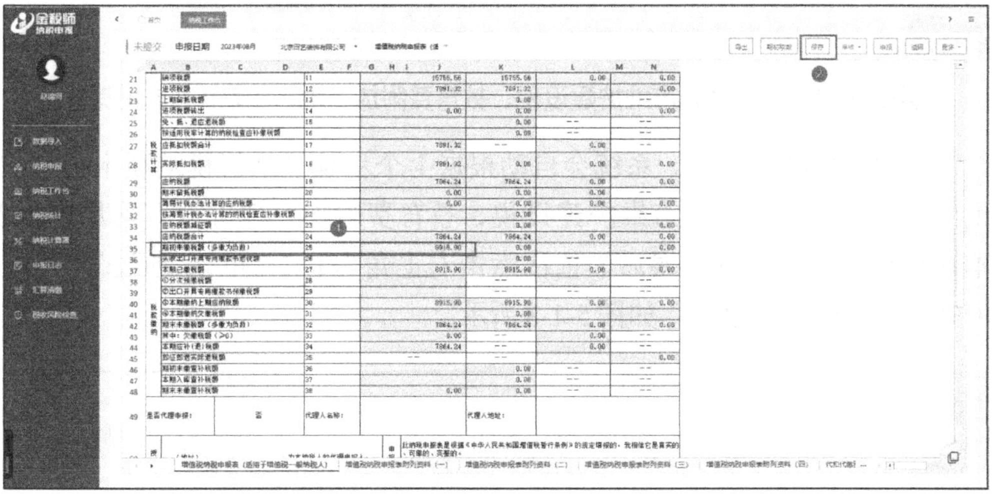

图5-1-5 填写"期初未缴税额（多缴为负数）"

图5-1-6 "增值税纳税申报表"审核申报

（二）附加税纳税申报

（1）打开"城市维护建设税、教育费附加、地方教育附加申报表"。进入"金税师"系统，点击打开"纳税工作台"选项卡。修改纳税日期为"2023-08"，点击打开"城市维护建设税、教育费附加、地方教育附加申报表"，如图5-1-7所示。

图5-1-7 打开"城市维护建设税、教育费附加、地方教育附加申报表"

（2）附加税纳税申报。系统会自动根据上个步骤"增值税纳税申报"的增值税额，自动计算出"城市维护建设税、教育费附加、地方教育附加申报表"的本期应纳税额。检查无误后，依次点击右上角保存、"审核|通过""申报"，即可完成附加税纳税申报，如图5-1-8所示。

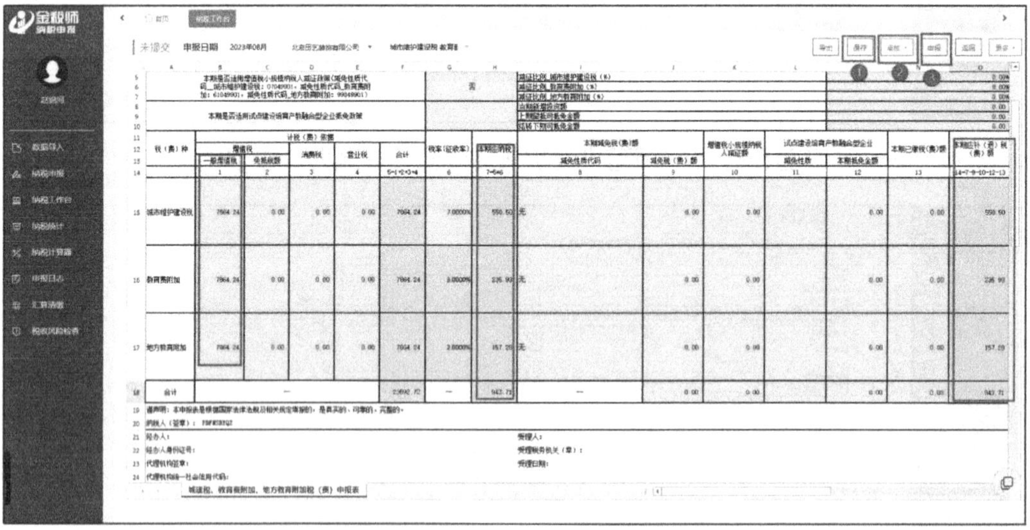

图5-1-8 附加税纳税申报表审核申报

注：①附加税是以增值税为基础计算的（此处不考虑消费税），因此必须先完成增值税纳税申报，才能进行附加税纳税申报。

②如申报有误，可以"申报作废"。在"金税师"系统中，点击"申报日志"，修改纳税所属期为"2023-07-01至2023-07-31"，点击有误的申报表右边的"申报作废"即可，如图5-1-9所示。

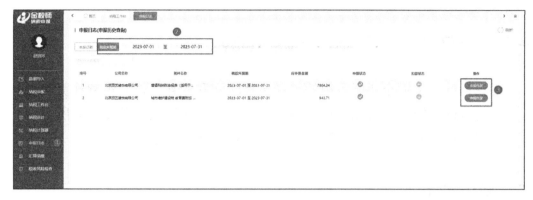

图5-1-9 申报作废

七、课程学案

任务一 增值税、附加税纳税申报学案

班级		姓名		上课时间		任课教师	
本节课主要实训内容							
课堂笔记及知识点							
反思							

任务二　编制及预缴企业所得税

一、学习目标

知识目标：掌握企业所得税的纳税申报时间和应补（退）税额计算。

能力目标：能通过智能财税平台"金税师"系统编制及预缴企业所得税。

素养目标：树立主动申报纳税意识，强化依法纳税意识。

二、知识准备

企业所得税纳税期限为"月""季"；申报期限和预缴期限为"月后15日""季后15日"；全年汇缴申报期限和缴纳期限为"年度终了5个月"。

企业所得税应补（退）税额＝应纳税所得额×税率－减免所得税额

小型微利企业（年度应纳税所得额不超过300万元、从业人数不超过300人、资产总额不超过5000万元）年应纳税所得额不超过300万元的部分，减按25%计入应纳税所得额，按20%的税率缴纳企业所得税（即按5%纳税）。

三、任务情境

2023年9月30日，请涉税服务岗人员根据具体业务编制第三季度的企业所得税预缴申报表。企业所得税预缴申报情境如图5-2-1所示。

图5-2-1　企业所得税预缴申报情境图

四、任务要求

共享中心"涉税服务岗"员工通过"金税师"系统完成企业财务报表申报和季度企业所得税预缴申报，具体要求如下：

（1）"涉税服务岗"员工完成9月份企业财务报表申报；

（2）"涉税服务岗"员工完成9月企业所得税预缴申报。

五、任务设计

（一）任务形式

（1）学生在课堂上根据操作步骤独立完成；

（2）企业导师审核企业财务报表和季度企业所得税预缴申报，并在评价表上进行评分；

（3）教师就学生的学生训练态度进行评分。

（二）任务评价

本次任务采用企业导师评价和教师评价相结合的形式，具体见表5-2-1。

表5-2-1　编制及预缴企业所得税申报评价表

班级：　　　　　姓名：　　　　　学号：

评价项目	分值/分	评分/分	备注
企业财务报表申报	20		企业导师评价
季度企业所得税预缴申报	60		企业导师评价
训练态度	20		教师评价
合计	100		

六、操作步骤

（一）企业财务报表申报

（1）打开"企业财务报表"。进入"金税师"系统，点击"纳税工作台"，打开"纳税工作台"选项卡。修改纳税日期为"2023-10"，点击"企业会计准则（一般企业）月（季）财务报表"，打开季度财务报表，如图5-2-2所示。

图5-2-2 打开季度财务报表

注：①"季度企业所得税预缴申报表"的数据需要以"季度财务报表"为基础，因此需先进行"季度企业财务报表申报"，再进行"季度企业所得税预缴申报"。

②"季度企业所得税预缴申报"是当季发生的业务在季度月的次月申报，所以第三季度企业所得税的申报日期为"10月"。

（2）"季度企业财务报表"申报。"企业会计准则（一般企业）月（季）财务报表"检查无误后，点击右上角"保存"按钮保存数据，依次点击"审核|通过""申报"，即可完成季度企业财务报表申报，如图5-2-3所示。

图5-2-3 "季度企业财务报表"申报

（二）季度企业所得税预缴申报

（1）打开"中华人民共和国企业所得税月（季）度预缴纳税申报表（A

类)"。进入"金税师"系统,点击打开"纳税工作台"选项卡。修改纳税日期为"2023-10",点击"中华人民共和国企业所得税月(季)度预缴纳税申报表(A类)",打开该表,如图5-2-4所示。

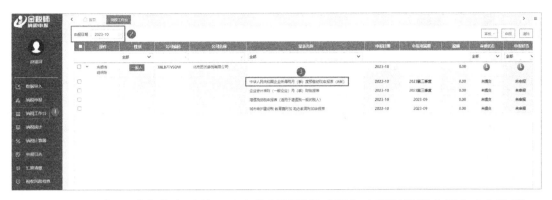

图5-2-4 打开"中华人民共和国企业所得税月(季)度预缴纳税申报表(A类)"

(2)填写数据。系统会根据"季度财务报表"自动填写"季度所得税预缴申报表"。表内需根据题目已知条件手动填写的为"季初从业人数""季末从业人数""季初资产总额(万元)""季末资产总额(万元)""国家限制或禁止行业"等。系统会根据填写的人数及资产情况,自动判断本企业是否为"小型微利企业"(是否享受税收优惠),如图5-2-5所示。

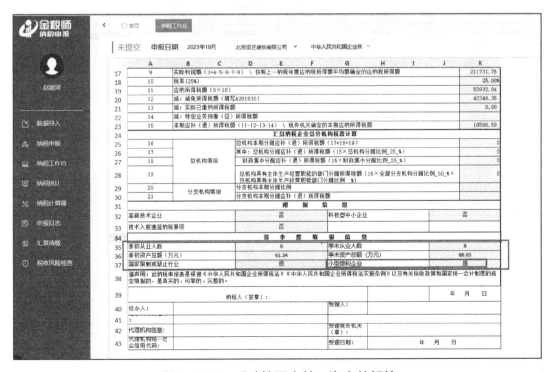

图5-2-5 手动填写人数、资产总额等

（3）"中华人民共和国企业所得税月（季）度预缴纳税申报表（A类）"检查无误后，点击右上角"保存"按钮保存数据，依次点击"审核|通过""申报"，即可完成季度所得税预缴申报，如图5-2-6所示。

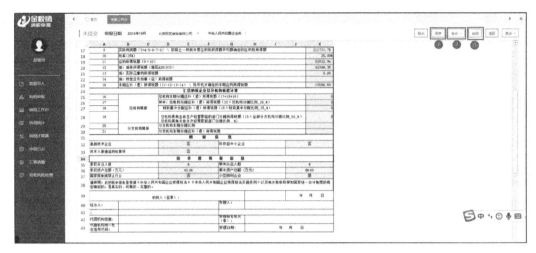

图5-2-6　季度所得税预缴申报表审核申报

七、课程学案

任务二　编制及预缴企业所得税学案

班级		姓名		上课时间		任课教师	
本节课主要实训内容							
课堂笔记及知识点							

续表

班级		姓名		上课时间		任课教师	
反思							

拓展：小规模纳税人税收优惠

一、增值税优惠政策

自2023年1月1日至2023年12月31日，小规模纳税人发生增值税应税销售行为，合计月销售额未超过10万元（以1个季度为1个纳税期的，季度销售额未超过30万元，下同）的，免征增值税。

免征增值税时，会计处理如下。

借：应交税费——应交增值税

贷：营业外收入

自2023年1月1日至2023年12月31日，小规模纳税人适用3%征收率的应税销售收入，减按1%征收率征收增值税；适用3%预征率的预缴增值税项目，减按1%预征率预缴增值税。

二、附加税费优惠政策

缴纳义务人按月纳税的月销售额不超过10万元（按季度纳税的季度销售额不超过30万元）的，免征教育费附加、地方教育附加、水利建设基金。

2022年1月1日至2024年12月31日，由省、自治区、直辖市人民政府根据本地区实际情况，以及宏观调控需要确定，对增值税小规模纳税人、小型微利企业和个体工商户可以在50%的税额幅度内减征资源税、城市维护建设税、房产税、城镇土地使用税、印花税（不含证券交易印花税）、耕地占用税和教育费附加、地方教育附加。

三、所得税优惠政策

小型微利企业，是指从事国家非限制和禁止行业，且同时符合年度应纳税所得额不超过300万元、从业人数不超过300人、资产总额不超过5000万元等三个条件的企业。

2023年1月1日至2024年12月31日，对小型微利企业年应纳税所得额不超过100万元的部分，减按25%计入应纳税所得额，按20%的税率缴纳企业所得税。

2022年1月1日至2024年12月31日，对小型微利企业年应纳税所得额超过100万元但不超过300万元的部分，减按25%计入应纳税所得额，按20%的税率缴纳企业所得税。

因此，2023年和2024年，符合小型微利企业条件的企业，企业所得税的实际税负为5%。

参考文献

[1] 严水荷."大智移云"背景下中职财务会计教学改革探析[J].中国职业技术教育,2020(32):29-32.

[2] 周俊亭,席彦群,等.大数据、人工智能与财税服务创新[J].中国软科学,2020(08):69-77.

[3] 赵林,刘明军,李立宁,等.智能财税一体化研究[J].电子世界,2019(11):98-99.

[4] 李聪."金税四期"背景下智慧税务的构建与实现[J].地方财政研究,2022(08):64-72.

[5] 王烜.增值税小规模纳税人免税会计处理与风险防范[J].财务与会计,2022(14):44-46.

[6] 张志勇.企业税务风险防范机制的构建研究[J].财会研究,2011(23):22-23.